Kaunis Suomi

Images of Finland

Finnlandbilder

KAUNIS Suomi

ANNE ROSTON   TIM BIRD

Images of Finland

Finnlandbilder

WSOY-yhtymä

Weilin+Göös

Neljäs painos

Copyright © 1992 Anne Roston, Tim Bird, Weilin+Göös

Englanninkielinen teksti/English text/englischer Text:
Anne Roston; paitsi sivut/except pages/bis auf S. 6, 7, 21, 46, 50,
62 (ylh.), 66, 94: Tim Bird

Suomenkielinen teksti: Hilkka Pekkanen

Deutsche Textversion: Roland Freihoff

Layout: Heikki Hankimo

Valokuvat/Photos/Fotos:
Tim Bird: kansi/cover/Titel, s. 4–27, 28 (alh.), 29–31, 34 (alh.), 35,
36, 38–41, 42, 44, 46, 50, 51, 52, 54, 57 (vas.), 60, 62, 67, 74 (ylh.),
80–82, 84, 87, 92 (alh.), 93–95
Anne Roston: s. 28 (ylh.), 32, 34 (ylh.), 43, 48, 49 (ylh.), 56, 64 (alh.),
65, 70–72, 74 (alh.), 75, 77–79, 83, 86, 88, 90, 91
Pressfoto: s. 37; Savonlinnan oopperajuhlat: s. 49 (alh.); Luonnon-
kuva-arkisto/Räsänen: s. 55; Luonnonkuva-arkisto/Meriläinen: s. 57
(oik.); Diasto: s. 58, 68 (ylh.), 92 (ylh.); Luonnonkuva-arkisto/
Martola: s. 61; Luonnonkuva-arkisto/Hautala: s. 63; Lehtikuva/Kolho:
s. 64 (ylh.); Luonnonkuva-arkisto/Kohonen. s. 68 (alh.); Lehtikuva/
Chmura: s. 69; Lehtikuva/Kotilainen: s. 76;
Kartta/map/Karte: s. 96/Maanmittaushallitus
Liepeen kuva/flap photo/Foto auf der Klappe: Antti Korkeakivi

(ylh.) = above/oben, (alh.) = below/unten, (oik.) = right/rechts,
(vas.) = left/links, s = page/Seite

Paperi/Paper/Papier: Galerie Art 150 g/m²
Värierottelu/Colour separation/Reproduktion: Oulurepro Oy

ISBN 951-35-5431-7

Painaminen/Printing/Druck: WSOY:n graafiset laitokset
Porvoo 1995

S uomi on vastakohtien maa, katsoipa sitä mistä näkökulmasta tahansa. Suomi sijaitsee kovin pohjoisessa, mutta Golf-virta lauhduttaa ilmastoa. Kylminä talvina pakkasta saattaa olla yli kolmekymmentä astetta, mutta toisaalta lyhyen ja kuuman kesän aikana helle voi kohota yli kolmeen-kymmeneen asteeseen. Talven lyhyet ja pimeät päivät venyvät kesäkuussa yöttömäksi yöksi.

Historiansa aikana Suomi on ollut ensin osa Ruotsin, sitten Venäjän valtakuntaa, ja vuonna 1917 saavutettua itsenäisyyttään suomalaiset arvostavat kovasti. Toisessa maailmansodassa maa taisteli urhoollisesti vapautensa puolesta, ja sotakorvaukset maksettuaan loi elintason, joka on koko maailman korkeimpia. Se perustuu vapaaseen markkinatalou-teen ja parlamentaaris-demokraattiseen hallintoon.

Suomen maisemaa hallitsee kolme pääelementtiä – puu, vesi ja graniitti – joiden avulla luonto on saanut aikaan suurenmoista vaihtelua. Itä-Suomen lukemat-tomat upeat järvet tekevät pohjoisempana tilaa sankoille aarniometsille, karhujen ja susien asuinsi-joille. Keski-Suomen kumpuileva maasto tasoittuu lännessä Pohjanmaan lakeuksiksi. Lapin tuntureiden karuja näkymiä halkovat kuohuvat joet ja rotkot. Pohjoisin Suomi onkin talvisin mainiota laskettelu-, hiihto- ja pilkkimaastoa, ja kesällä siellä voi meloa ja samoilla.

Suomen alue on niinkin laaja kuin 337 000 neliökilometriä, mutta asukkaita on vain viisi miljoonaa. Suomessa on paljon avaraa tilaa, Euroo-pan viimeisiä turmeltumattomia erämaita joihin voi paeta väkijoukkoja ja nykyelämän mukavuuksia.

Pidättyvän maineestaan huolimatta suomalaiset ovat verrattoman vieraanvaraisia. Kansanluonne vaihtelee eri puolilla maata – helsinkiläisten kaupun-kilaiskiireestä maaseudun ja pikkukaupunkien kiireettömään avoimuuteen. Teeskentelemätön rehellisyys on ominaista kaikille suomalaisille, ja Helsinki onkin Euroopan turvallisimpia pääkaupun-keja. Tämän ankaran ilmaston ihmisille on ominaista romanttinen riippumattomuuden ihannointi ja samalla tarve olla osa yhtenäistä Eurooppaa, jossa rajoja ei tunneta.

Tietystikään Suomi ei ole täydellinen: pimeä ja pitkä syksy vie voimat eikä kesä koskaan ole tarpeeksi pitkä. Ikävät piirteet ovat kuitenkin poikkeuksia Suomen viehätyksen ja kauneuden keskellä. Jotkut kyllä valittelevat maan syrjäistä maantieteellistä sijaintia, mutta juuri siihen Suomen ainutlaatuisuus perustuu.

By any criterion, Finland has no shortage of variety. The country is situated above the 60th degree of latitude, but the warming influence of the Atlantic Gulf stream moderates the climate; in bitter winter the temperature may fall below minus 30 degrees centigrade in the part of Finland above the Arctic Circle, but it can soar to plus 30 in the hot, if brief, summer. Short dark days in winter stretch out to endless daylight at summer's zenith in late June.

Finland's history has been dominated by the influence first of Sweden, then of Russia, and the Finns cherish the independence they achieved in 1917. Finland fought its eastern neighbor valiantly in World War Two to retain this freedom and, having settled its war debts, went on to achieve one of the world's highest living standards, based on a free-market economy and backed up by a parliamentary-democracy system of government.

The country's landscape is dominated by three main elements – wood, water and granite – but nature has worked a miracle of variation on their basic themes. The numerous magnificent lakes of the south-east give way to wild thick forest, home to bears and wolves, further north. The rolling hills of the central regions descend to Ostrobothnia's flat plains in the west. The upland fells of Lapland offer rugged vistas, intersected by tumbling rivers and gorges; an environment that lends itself perfectly to cross-country skiing and ice-fishing in winter and to canoeing and trekking in summer.

Although Finland's territory covers a substantial 337,000 square km., it is home to a mere five million people. So, it's a country of plentiful uncluttered space, containing much of Europe's final unspoilt wilderness, where you can escape the crowds without losing access to the conveniences of modern life.

Because the Finns are few in number, they are sometimes the least conspicuous feature of their country, but they are its most important. Despite their reputation for reticence, Finns are hard to beat for the warmth of their hospitality. The Finnish temperament varies from region to region – from the urban urgency of Helsinki to the leisurely openness of the countryside and smaller towns – but an unpretentious honesty is a universal trait, and Helsinki remains one of Europe's safest capitals. Finnish romantic independence is tempered by a sometimes tough climate and the need to make contact with and contribute to a Europe with fewer frontiers.

Naturally, Finland isn't perfect: summer is never quite long enough, and some may lament the geographical isolation of this country – but its unique character depends on it.

Finnland ist ein Land der Gegensätze. Nördlich des 60. Breitengrades gelegen, besitzt es doch ein vom Golfstrom gemäßigtes Klima. Die Temperatur kann im Winter zwar bis unter minus 30 °C fallen, aber in den kurzen Sommern klettert sie zuweilen auf plus 30 °C. Nach den kurzen dunklen Wintertagen scheint im Zenit des Sommers, im Juni, das lange Tageslicht kaum zu enden.

Die Geschichte Finnlands wurde zuerst von Schweden, dann von Rußland bestimmt. Deshalb wissen die Finnen ihre Unabhängigkeit zu schätzen, die sie sich nun seit 75 Jahren haben erhalten können. Im Zweiten Weltkrieg kämpfte Finnland tapfer um seine Freiheit gegen seinen östlichen Nachbarn und – nach Ableistung der Kriegsschulden – erreichte es auf der Grundlage von freier Marktwirtschaft und Demokratie einen der höchsten Lenbensstandards in der Welt.

Drei Elemente beherrschen das Landschaftsbild – Wald, Wasser und Granit –, doch die Natur hat diese Grundthemen auf wunderbare Weise variiert. Die herrlichen Seen im Südosten werden weiter nördlich von dichten Wäldern abgelöst, wo noch Bären und Wölfe hausen. Im Westen geht die Hügellandschaft Mittelfinnlands in die weiten Ebenen Österbottens über. Die hohen Fjelle Lapplands bieten Ausblicke auf weite Flächen, durchschnitten von tosenden Flüssen und engen Tälern; eine Landschaft, die im Winter für Skilanglauf und Eisfischen und im Sommer für Kanusport und Wandern wie geschaffen ist.

Bei einer Größe von 337.000 qkm und nur 5 Mio. Einwohnern hat Finnland weite unzersiedelte Räume, viel von der letzten unberührten Wildnis Europas; hier kann man den Menschenmassen entfliehen, ohne die Annehmlichkeiten des modernen Lebens aufgeben zu müssen.

Gering an Zahl, erscheinen die Finnen manchmal als das unauffälligste Element des Landes, doch sie sind das wichtigste. Mag man ihnen auch Zurückhaltung nachsagen, ihre herzliche Gastfreundschaft ist kaum zu überbieten. Das Temperament der Finnen ist von Landschaft zu Landschaft verschieden – von der urbanen Geschäftigkeit Helsinkis bis hin zur mußevollen Aufgeschlossenheit auf dem Lande und in den Kleinstädten. Helsinki gilt als eine der sichersten Hauptstädte in Europa. Die romantische Unabhängigkeit wird zuweilen durch ein rauhes politisches Klima gestört und die Notwendigkeit, sich einem Europa ohne Grenzen anzuschliessen.

Nichts ist vollkommen. Auch Finnland nicht: Der Sommer ist immer zu kurz, und manche jammern über die geographische Randlage. Doch eben darauf beruht der einmalige Charakter dieses Landes.

Pääkaupunki

The capital

Die Hauptstadt

V arsin vähän on jäljellä siitä
Helsingfors-nimisestä karusta
puutaloyhteisöstä, joka
perustettiin Vantaanjoen rannalle vuonna
1550. Nykypäivän Helsinki on ystävällinen
suurkaupunki, jykevää kiveä ja vaaleita
värisävyjä, ja sitä pehmentävät puistot, yhtä
kauniit kesällä kuin lumisina talvinakin.
Itämeri elävöittää kaupunkia ja tarjoaa
loputtomasti katseltavaa.

Juuri Itämeren ansiosta Helsinki alun
perin vaurastui Ruotsin vallan aikana, ja
Venäjän hallintoaikana siitä tehtiin maan
pääkaupunki. Kaupungin puolustuksellinen
ja hallinnollinen asema parani, ja meri toi
Suomeen rikkautta ja samalla myös
keskeisiä kulttuuri- ja yliopistoelämän
aineksia.

Helsingin seutuun luetaan Espoon ja
Vantaan kaupungit, ja tämä alue on Suomen
kiistämätön keskus 900 000 asukkaan
väestöineen, joka on melkein viidesosa
koko maan väestöstä. Tätä Suomen talous-
ja kulttuurielämän keskusta rehevöittävät
katuelämän vivahteikkuus ja viehättävät
vanhanaikaiset pikkukaupungit sen
lähiseuduilla.

Little remains of the sparse wooden commune called Helsingfors that was founded along the Vantaa River in 1550. Helsinki today is a smooth-faced metropolis of sturdy stone and pale colors, softened by parks that look well both in summer and snow, and dramatized by endless encounters with the Baltic.

It was because of the last that Helsinki originally prospered under Swedish domination and a successive Russian rule made it the country's capital. And, as the city grew in defensive and administrative power, the sea also brought wealth and, with it, the core of the country's cultural and academic life.

Helsinki is still the indisputable pulse of Finland, with about 900,000 inhabitants – or nearly one-fifth of the country's total population – in a greater metropolitan area that includes the municipalities of Espoo and Vantaa. But its position as Finland's economic and artistic center is tempered by a curiously personal sensibility in its streets and a necklace of charming old-fashioned neighbors.

Nicht viel erinnert noch an die im Jahre 1550 am Fluß Vantaa gegründete Holzsiedlung mit dem schwedischen Namen Helsingfors. Heute ist Helsinki eine Metropole aus hartem Stein in hellen Farben, gemildert durch schöne Parks und belebt durch die Weite der See.

Die Ostsee war auch der Grund dafür, daß dieser Ort aufblühte und später in der Russenzeit Hauptstadt wurde, Zentrum der Verteidigung und Verwaltung. Auch die See brachte mehr Reichtum und so die Basis des kulturellen und akademischen Lebens.

Die Vorrangstellung Helsinkis ist immer noch unangefochten: mit etwa 900.000 Einwohnern – einem Fünftel der Gesamtbevölkerung – im Einzugsbereich der Metropole, der auch die Städte Espoo und Vantaa umfaßt. Doch Helsinkis Rolle als Zentrum von Wirtschaft und Kunst wird durch eine persönliche Atmosphäre und einen Kranz von charmanten, älteren Nachbargemeinden mitgeprägt.

SATAMA ITÄMEREN RANNALLA

Helsinki on edelleen tärkeä
satamakaupunki Itämerellä –
täsmälleen Pietarin ja Tukholman
puolivälissä ja vain 80 kilometrin
päässä Tallinnasta. Lukuisat rahti- ja
matkustaja-alukset kyntävät Helsingin
satamien vesiä joka päivä. Helsinki
on maailmanluokkaa myös
laivanrakennuksessa.

BALTIC PORT

Helsinki remains an important Baltic
port – equidistant between
St. Petersburg and Stockholm and just
80 km. from Tallinn – as well as a
world-class shipbuilding site.
Numerous cargo and passenger boats
plow the Helsinki harbors daily.

OSTSEEHAFEN

Helsinki ist ein wichtiger Ostseehafen
– auf halbem Wege zwischen
St. Petersburg und Stockholm, nur
80 Kilometer von Tallin entfernt –
außerdem hat es weltweite Bedeutung
für den Schiffsbau. Viele Fracht- und
Passagierschiffe laufen täglich die
Häfen von Helsinki an.

TORIKAUPPAA

Suomalaiset ovat syystä ylpeitä
tuoretuotteistaan: kesällä saadaan
muhkeita mansikoita, ihastuttavia
uusia perunoita ja makeita tomaatteja
ja herneitä. Syksyllä herkutellaan
sienillä, ja aina on saatavissa
maukkaita juureksia, sipuleita ja tilliä.
Kala on myöskin melkoinen herkku,
valinnanvaraa on silakasta
punalihaiseen loheen asti. Näitä –
samoin kuin vastaleivottua leipää ja
leivonnaisia, maalaisvoita, juustoa ja
muita kullekin paikkakunnalle
ominaisia erikoisuuksia ja käsitöitä –
kannattaa ostaa torilta ympäri vuoden.
Jokaisessa kaupungissa on ainakin
yksi tori ja kauppahalli.

OPEN MARKET

Finns are rightfully proud of their
fresh produce: in the summer, robust
strawberries, delicate new potatoes,
and sugar-sweet tomatoes and peas; in
autumn, wild mushrooms; and
always, hearty root vegetables, leeks
and dill. Locally caught fish is also
something of a wonder, from the tiny
Baltic herring to the pink-fleshed
salmon. For these – plus just-baked
bread and pastries, farm butter and
cheeses, and any number of regional
specialties and crafts – markets are
still the place to shop, all year round,
with at least one market square and
hall in every town of significance.

MARKT

Die Finnen sind mit Recht stolz auf
ihre frischen Erzeugnisse: im Sommer
große Erdbeeren, köstliche
Frühkartoffeln, zuckersüße Erbsen
und Tomaten; im Herbst Wildpilze;
und ständig herzhafte Wurzelgemüse,
Zwiebeln und Dill. Auch der in den
nahen Gewässern gefangene Fisch ist
eine Art Wunder, vom kleinen
Strömling bis zum Lachs mit seinem
rosenfarbenen Fleisch. Dafür – und
für frisches Brot und Backwaren,
Landbutter und Käse und eine große
Zahl landschaftlicher Spezialitäten
und Produkte – ist der Markt das
ganze Jahr hindurch immer noch der
Ort zum Einkaufen. Und so hat jedes
einigermaßen bedeutende Städtchen
wenigstens einen Marktplatz und eine
Markthalle.

SIBELIUKSEN KUNNIAKSI

Säveltäjä Jean Sibelius syntyi
Hämeenlinnassa vuonna 1865. Hän
toi klassiseen musiikkiin suomalaisen
soinnin, ja hänen Finlandiansa ja
muut sinfoniansa saivat pysyvän sijan
maailman orkesterien ohjelmistossa.
Hänen mukaansa on nimetty
Helsingin kuuluisa konservatorio sekä
puisto, jossa sijaitsee säveltäjän
urkupilliaiheinen muistomerkki.
Säveltäjän koti Ainola, jossa Sibelius
asui kuolemaansa (1957) saakka, on
Järvenpään kaupungissa.

IN PRAISE OF SIBELIUS

Born in Hämeenlinna in 1865,
composer Jean Sibelius brought the
Finnish idiom to classical music and
gave it a lasting place among
orchestral repertoires worldwide
through pieces such as Finlandia and
the Kullervo Symphony. Helsinki's
celebrated music conservatory, the
Sibelius Academy, is named after
him, as is its Sibelius Park, site of a
tubular monument to the composer.
Ainola, his home until his death in
1957, is in nearby Järvenpää.

ZU EHREN VON SIBELIUS

Der Komponist Jean Sibelius, 1865 in
Hämeenlinna geboren, bereicherte die
klassische Musik um das finnische
Idiom und gab ihm weltweit einen
festen Platz in den Repertoires der
Orchester mit Werken wie der
Finlandia oder der Kullervo-Sinfonie.
Die berühmte Musikhochschule in
Helsinki, die Sibelius-Akademie, ist
nach ihm benannt wie auch der
Sibelius-Park mit dem eigenwilligen
Monument für den Komponisten.
Ainola, sein Wohnsitz bis zu seinem
Tode 1957, liegt in der Nähe von
Järvenpää.

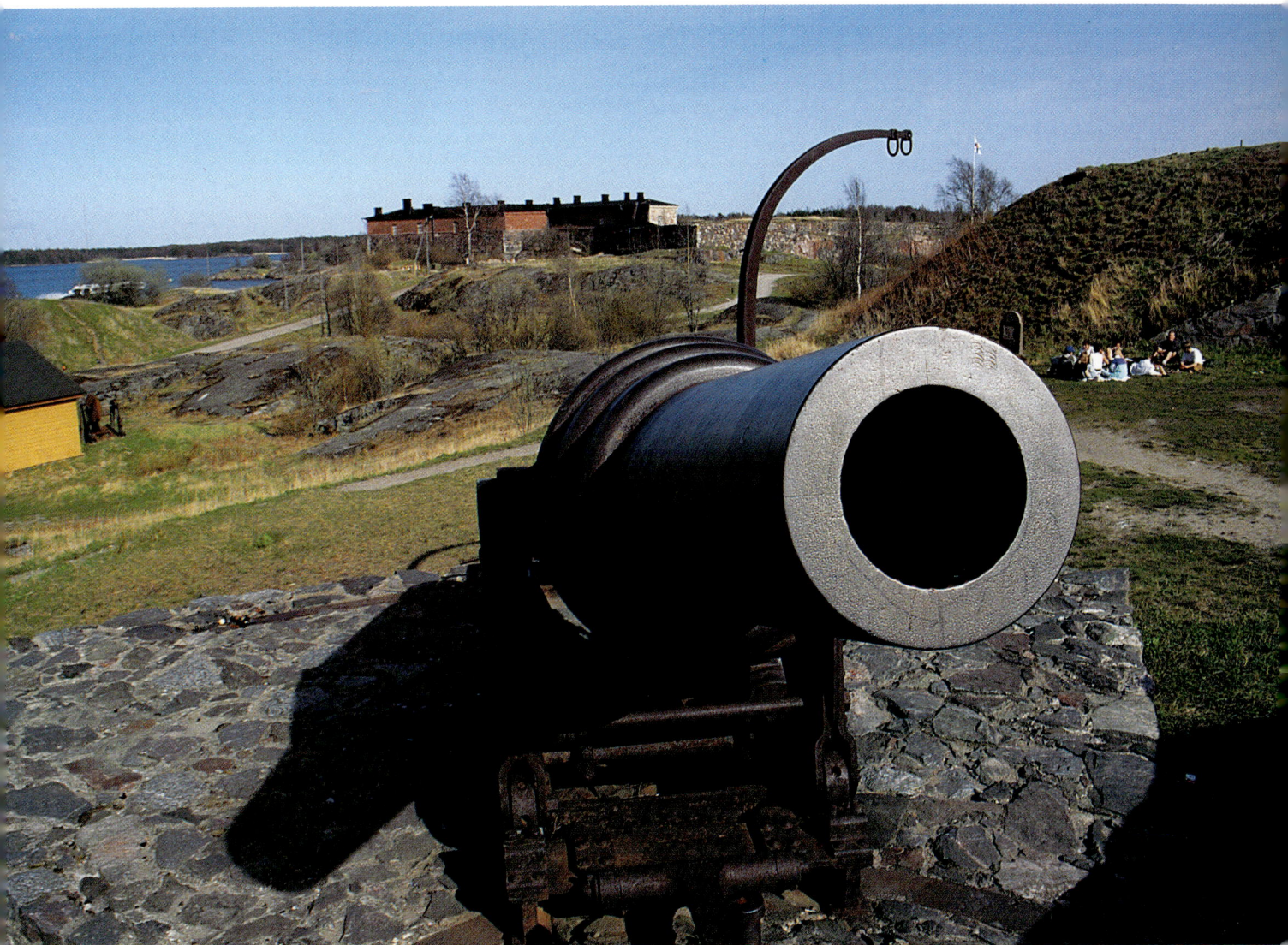

SUOMENLINNA

Suomenlinnan saarilinnoituksen
rakentaminen alkoi vuonna 1746.
Sen neljä saarta ovat lyhyen
vesibussimatkan päässä Helsingin
keskustasta. Ne on aikoinaan
rakennettu suojaamaan Suomea
mereltä tulevilta hyökkäyksiltä.
Nykyään linna ja monet sen
muureista ovat kuitenkin museoina ja
taidegallerioina, ja yhteen etäiseen
linnakkeeseen on sijoitettu hieno
ravintolakin. Saaren karut
ruohikkovallit ja tuulen pieksämät
rannat ovat suosittuja
kesäretkikohteita.

OFFSHORE FORTRESS

Construction began on the sea fortress
Suomenlinna in 1746, and the four
islands over which it stretches – just a
brief water-bus ride from Helsinki's
center – have served as Finland's base
for naval defense ever since. The
castle, however, and much of the
fortifications are now devoted to
museums and art galleries, with a fine
restaurant tucked inside one far-flung
bastion. The island's rugged turf and
windswept beaches are also popular
with summer picnickers.

INSELFESTUNG

Der Bau der Festung Suomenlinna –
eine kurze Wasserbusfahrt vom
Zentrum der Stadt Helsinki entfernt –
begann 1746, und seither dienen die
vier Inseln, über die sich die Anlage
erstreckt, der Verteidigung zur See.
Das Schloßgebäude und große Teile
der Festungsanlagen sind nun
allerdings in Museen und
Kunstgalerien verwandelt mit einem
feinen Restaurant in einer weit
ausladenden Bastion. Die festen
Grasflächen der Inseln und die
windumwehten Ufer sind bei den
Sommergästen sehr beliebt.

UUSKLASSISMI

Saksalaissyntyinen arkkitehti Carl Ludvig Engel, jonka uusklassisia töitä voi nähdä Pietarissa, Tallinnassa ja monissa tärkeissä kaupungeissa Suomessa, on suunnitellut suurimman osan Helsingin 1800-luvulta peräisin olevista monumentaalirakennuksista. Hän suunnitteli Senaatintoria reunustavat rakennukset – tuomiokirkon, valtioneuvoston talon ja yliopiston – ja lisäsi jo aiemmin valmistuneisiin rakennuksiin kerroksia ja pilareita luodakseen yhtenäisen vaikutelman. Hänen muita töitään ovat kaupungintalo Pohjois-Esplanadilla ja yliopiston kirjasto.

NEOCLASSICISM

The German-born architect Carl Ludvig Engel, whose neoclassical work can be found in St. Petersburg, Tallinn and many notable Finnish towns, was behind most of Helsinki's 19th-century monumental structures. Engel designed the important buildings around Senate Square – the Cathedral, Council of State, and University – then embellished any previous structures with third floors and pillars to get a uniform look. Other work includes the City Hall on North Esplanadi and the University Library.

EMPIRE-STIL

Der aus Deutschland stammende Architekt Carl Ludvig Engel, dessen klassizistische Werke in St. Petersburg, Tallin und vielen finnischen Städten zu finden sind, zeichnet für die meisten monumentalen Bauten im Helsinki des 19. Jahrhunderts verantwortlich. Engel entwarf die wichtigsten Gebäude rund um den Senatsplatz – die Domkirche, das Regierungsgebäude und die Universität – und verschönerte dann alle früheren Bauten mit einem zusätzlichen Stockwerk und Pfeilern, um ein einheitliches Bild zu erreichen. Andere Werke sind das Rathaus an der nördlichen Esplanadi und die Universitätsbibliothek.

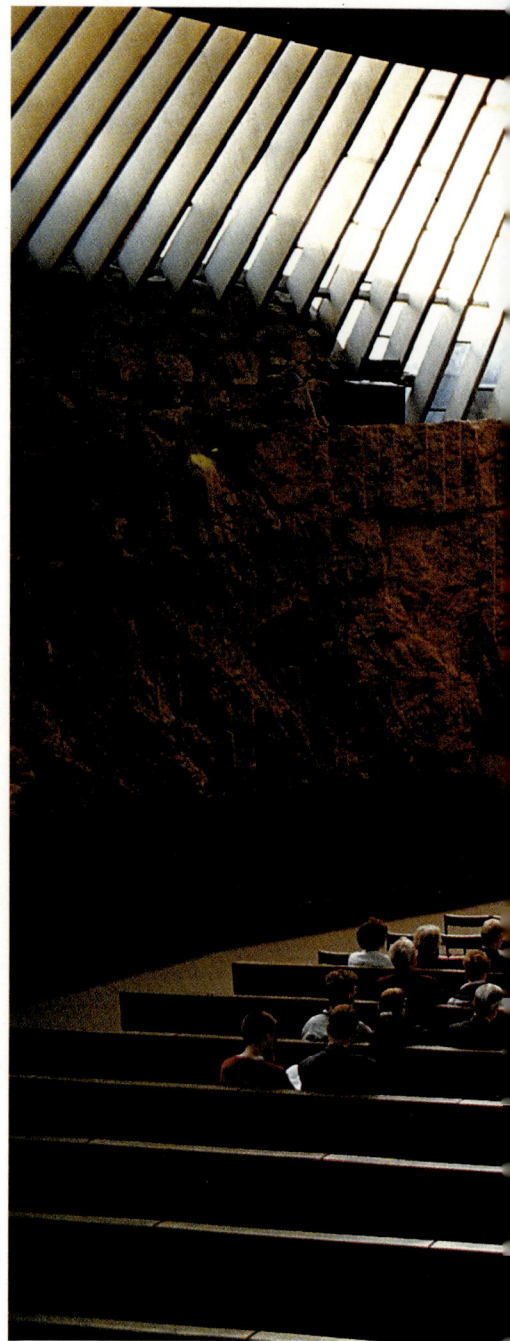

KALLIOKIRKKO

Temppeliaukion kirkko Töölössä louhittiin suoraan peruskallioon vuonna 1969. Timo ja Tuomo Suomalaisen harvinaislaatuisessa arkkitehtonisessa työssä kallioseinät on katettu kuparikatolla, jonka pitkät ikkunat avautuvat viuhkamaisesti niin että sisään siivilöityvä valo tuo mieleen auringon. Selvää on, että musikaalinen kansa käyttää kirkkoa myös konserttisalina.

THE ROCK CHURCH

Temppeliaukio Church was built in
1969 directly into a rock outcrop on a
hill in Töölö. Timo and Tuomo
Suomalainen's unusual design keeps
the bare bedrock for walls then adds a
spiraling copper ceiling fanned by
long panes of glass that let in light to
resemble a sun. Unsurprisingly in a
country rife with musical talent, the
church doubles as a concert venue.

DIE FELSENKIRCHE

Die Kirche Temppeliaukio wurde
1969 im Stadtteil Töölö direkt in
einen Felsen gebaut. Die Wände des
ungewöhnlichen Bauwerkes von
Timo und Tuomo Suomalainen sind
aus nacktem Grundgestein, die mit
Glasstreifen durchbrochene
Kupferdecke erinnert an eine Sonne.
Es überrascht nicht in einem so
musikalischen Land, daß die Kirche
auch als Konzertsaal dient.

Helsingin Olympiastadionille mahtuu noin 50 000 ihmistä, ja ensimmäisen kerran sitä käytettiin vuoden 1952 olympialaisissa. Se on edelleenkin urheilua rakastavien suomalaisten suosikkipaikka – varsinkin silloin kun mitellään taitoja kansojen kesken. Stadionin yhteydessä on 72-metrinen torni, urheilumuseo, jäähalli, uimala ja nuorisohotelli.

KESÄKAUPUNKI

Kun Suomen ihastuttava kesä koittaa, on vaikeata tavoittaa ketään sisältä. Ravintolat purkavat asiakkaat kesäterasseilleen, ja kaduille ilmestyy minimaratoonareita ja polkupyöräilijöitä. Hartaimmat auringonpalvojat viettävät sunnuntai-iltapäivänsä Kaivopuiston ilmaiskonserteissa.

SPORTS FANATICS

Helsinki's Olympic Stadium, with a capacity of some 50,000, was first used for the Games of 1952. It is still a feverish site for the sports-loving Finns – especially when the competition involves proving their skills against a non-Finnish team. The stadium complex also includes a 72-meter-high lookout tower, sports museum, ice rink, public outdoor swimming pool and youth hostel.

SUMMER IN THE CITY

Once the delightful Finnish summer comes to Helsinki, it is hard to find anyone indoors. Restaurant patrons spill out onto open-air terraces, and mini-marathon runners and bike riders take over the streets. Serious suntanners spend their Sundays at free afternoon concerts in Kaivopuisto Park.

SPORTFANATIKER

Das Olympiastadion von Helsinki mit Plätzen für etwa 50.000 Zuschauer wurde anläßlich der Spiele 1952 erstmals benutzt. Es ist immer noch bei sportbegeisterten Finnen sehr beliebt – besonders wenn es darum geht, einer ausländischen Mannschaft das Können der Finnen zu beweisen. Der gesamte Stadionkomplex umfaßt einen 72 Meter hohen Aussichtsturm, ein Sportmuseum, eine Eissporthalle, ein öffentliches Freibad und eine Jugendherberge.

SOMMER IN DER CITY

Wenn der fröhliche finnische Sommer einmal da ist, findet man kaum noch jemand im Hause. Die Restaurant-Gäste drängen hinaus auf die Terrassen, Minimarathonläufer und Radfahrer erobern die Straßen. Echte Sonnenfreunde verbringen in Helsinki ihre Sonntagnachmittage auf Gratiskonzerten im Park Kaivopuisto.

PUUTARHAKAUPUNKI

Espoon kaupunki Helsingin länsipuolella muodostuu useista hajanaisista esikaupunkialueista. Siellä on myös Tapiolan "puutarhakaupunki", edistyksellinen satelliittikaupunki, jonka rakentaminen alkoi vuonna 1952 useiden hyväntekeväisyys- ja asuntoyhdistysten tukemana. Nykyään se on kukoistava asuinalue ja liikekeskus, ja siellä sijaitsee myös valtionyhtiö Nesteen pääkonttori.

GARDEN CITY

Espoo, a loose collection of suburbs just west of Helsinki, contains the Tapiola "Garden City". Work on this progressive satellite town began in 1952 under the auspices of several welfare and housing societies. Today, it's a thriving residential area, and the site of a commercial and business community that includes the head office of the state-owned Neste oil company.

GARTENSTADT

Espoo, eine lockere Ansammlung von Vorstädten im Westen Helsinkis, umfaßt auch die "Gartenstadt" Tapiola. Die Arbeit an dieser fortschrittlichen Satellitenstadt begann 1952 unter der Aufsicht verschiedener Wohlfahrtsvereinigungen und Wohnungsgesellschaften. Heute ist Tapiola ein blühendes Wohngebiet und eine wirtschaftlich rege Gemeinde, u.a. Sitz der Hauptverwaltung von Neste, der staatseigenen Mineralölgesellschaft.

KANSALLISROMANTIIKKA

Kansallisromantiikka virisi Suomessa vuosisadan vaihteessa. Se antoi samanaikaisesti kukoistavalle jugendille uuden tulkinnan ja käytti maan omia materiaaleja ja mytologiaa Suomen ensimmäisen kansallisen tyylin luomiseen. Mestareiden joukossa olivat arkkitehdit Eliel Saarinen, Armas Lindgren ja Hermann Gesellius, joiden yhteinen studio- ja asuntorakennus Hvitträsk sijaitsee Kirkkonummella Helsingin ulkopuolella ja on nykyisin avoinna yleisölle. Yksi heidän monista saavutuksistaan on Kansallismuseo, jonka keskushallin katossa on Suomen huomattavimman kansallisromanttisen taiteilijan Akseli Gallen-Kallelan fresko.

NATIONAL ROMANTICISM

Finnish National Romanticism arose at the turn of the 20th century in a restive Finland still under Russian control. Reinterpreting Jugendstil – which continued to exist in Finland contemporaneously – it drew on local materials and mythology to create Finland's first national style. Among its masters were architects Eliel Saarinen, Armas Lindgren and Hermann Gesellius, whose collective studio and residence, Hvitträsk, is now open to the public in Kirkkonummi just outside Helsinki. One of their many feats is the National Museum, where the portal ceiling bears a fresco from the preeminent National Romantic artist, Akseli Gallen-Kallela.

NATIONALROMANTIK

Die Epoche der finnischen Nationalromantik begann um die Jahrhundertwende in einem aufbegehrenden Finnland, das immer noch unter russischer Verwaltung stand. In einer Reinterpretation des Jugendstils – der in Finnland eine Zeitlang weiterexistierte – wandte man sich den einheimischen Materialien und der finnischen Mythologie zu und schuf den ersten Nationalstil Finnlands. Unter den Meistern dieser Richtung waren die Architekten Eliel Saarinen, Armas Lindgren und Hermann Gesellius, deren gemeinsames Atelier- und Wohnhaus Hvitträsk in Kirkkonummi unweit Helsinki nun der Öffentlichkeit zugänglich ist. Eine ihrer Haupterrungenschaften ist das Nationalmuseum, dessen Innenhallendecke ein Fresko von der Hand des hervorragendsten Künstlers der Nationalromantik, Akseli Gallen-Kallela, schmückt.

AALLON PERINTÖ

Alvar Aalto (1898–1976) oli uransa alkuvaiheessa funktionalismin pääedustajia ja koko 1900-luvun vaikutusvaltaisimpia arkkitehteja. Hänen pyrkimyksenään oli aina sovittaa luonnollinen ympäristö ja rakennuksen käyttötarkoitus yhteen muodon ja materiaalin estetiikan kanssa. Töölönlahden rantaan vuonna 1971 valmistunut Finlandia-talo vuonna 1975 rakennettuine kongressisiipineen on Helsingin näkyvimpiä esimerkkejä Alvar Aallon työstä.

THE AALTO LEGACY

One of the chief exponents of Functionalism during the first part of his career and ultimately one of the 20th century's most influential architects and designers, Alvar Aalto (1898–1976) always aimed to integrate a structure's natural site and intended use with aesthetics of form and material. Finlandia Hall, completed in 1971 beside Töölö Bay with a congress wing added in 1975, is one very visible example of his work in Helsinki.

DAS ERBE AALTOS

Ein Hauptvetreter des Funktionalismus im ersten Teil seiner beruflichen Karriere und schließlich einer der einflußreichsten Architekten und Designer, Alvar Aalto (1898–1976), war immer darauf bedacht, den natürlichen Ort und den Verwendungszweck eines Bauwerks in die Ästhetik von Form und Material zu integrieren. Das Finnlandia-Haus, 1971 an der Töölö-Bucht erbaut und 1975 um einen Kongreßflügel erweitert, ist ein sehr augenfälliges Beispiel seiner Arbeiten in Helsinki.

KEVÄTHUUMAA

Kevään tuloa suomalaiset juhlivat
toukokuun ensimmäisenä päivänä.
Vappu on opiskelijoiden ja työläisten
raisu yhteinen juhla. Ilonpito alkaa
vapunaattona, kun ylioppilaat panevat
valkoisen ylioppilaslakin päähänsä.
Helsingissä väki vyöryy Esplanadin
puistoon katselemaan kuinka Havis
Amandan patsas saa oman lakkinsa.
Kuohuviinipullojen korkit
poksahtelevat – ja poksahtelu jatkuu
seuraavaan aamuun. Silloin lähdetään
Ullanlinnanmäelle lipunnostoon ja
jatkamaan juhlimista retkiaamiaisella.

SPRING FEVER

Finns mark the coming of spring on
May 1st, with a wild student-cum-
worker's festival called Vappu. The
party begins in Helsinki on Vappu
Eve when people don the white caps
they receive upon graduation from
highschool and, in Helsinki, pour over
central Esplanadi Park to watch the
lovely Havis Amanda statue also get
"hatted". Corks of sparkling wine
bottles fly – and don't stop straight
through the following day, when the
party moves on to a 9 a.m. picnic
breakfast at Ullanlinnanmäki.

FRÜHLINGSFIEBER

Die Finnen feiern die Ankunft des
Frühlings am 1. Mai mit einem
ausgelassenen Studenten- und
Arbeiterfest, Vappu genannt. Es geht
los am Vorabend, wenn die Leute ihre
weißen Mützen aufsetzen, die sie von
ihrer Schule anläßlich des Abiturs
erhalten haben, und – in Helsinki –
den Esplanadi-Park bevölkern, um
zuzuschauen, wie die liebliche Statue
Havis Amanda auch ihre Mütze
bekommt. Sektkorken knallen – und
es hört nicht auf bis zum folgenden
Tag, wo man sich um 9 Uhr auf dem
Hügel Ullanlinnanmäki zum
Frühstück im Freien versammelt.

ITSENÄISYYS

Aina 1200-luvulta vuoteen 1809 Suomi oli osa Ruotsin kuningaskuntaa. Sen jälkeen seurasi 108 vuotta kestänyt Venäjän vallan aika. Lopulta Suomi sai itsenäisyyden 6. joulukuuta vuonna 1917. Vuoden pimeimpään aikaan ajoittuvaa itsenäisyyspäivää vietetään juhlallisesti. Kodeissa asetetaan kaksi kynttilää palamaan ikkunalle kello kuusi illalla. Helsingissä opiskelijoiden soihtukulkue marssii Hietaniemen hautausmaalta Senaatintorille, ja presidentti pitää linnassaan juhlallisen itsenäisyyspäivän vastaanoton, joka televisioidaan koko maahan.

INDEPENDENCE

Having been subjected to Swedish domination from the 13th century until 1809 and after that the rule of the Russian Empire for 108 years, Finland finally achieved independence on December 6, 1917. Households mark the day, which comes in the darkest part of the year, solemnly, placing two lit candles in their windows at 6 p.m. In Helsinki, torch-bearing students march from Hietaniemi Cemetery to Senate Square while, in the Presidential Palace, the president hosts a huge televised ball.

UNABHÄNGIGKEIT

Nachdem Finnland vom 13. Jahrhundert bis 1809 unter schwedischer Herrschaft gestanden und anschließend 108 Jahre dem russischen Reich angehört hatte, erlangte es schließlich am 6. Dezember 1917 seine Unabhängigkeit. Man begeht diesen Tag in der dunkelsten Zeit des Jahres mit stillem Ernst, indem man am Abend zwei brennende Kerzen ans Fenster stellt. In Helsinki ziehen fackeltragende Studenten vom Friedhof Hietaniemi zum Senatsplatz, während im Präsidentenpalast, der Präsident einen großen, im Fernsehen übertragenen Ball gibt.

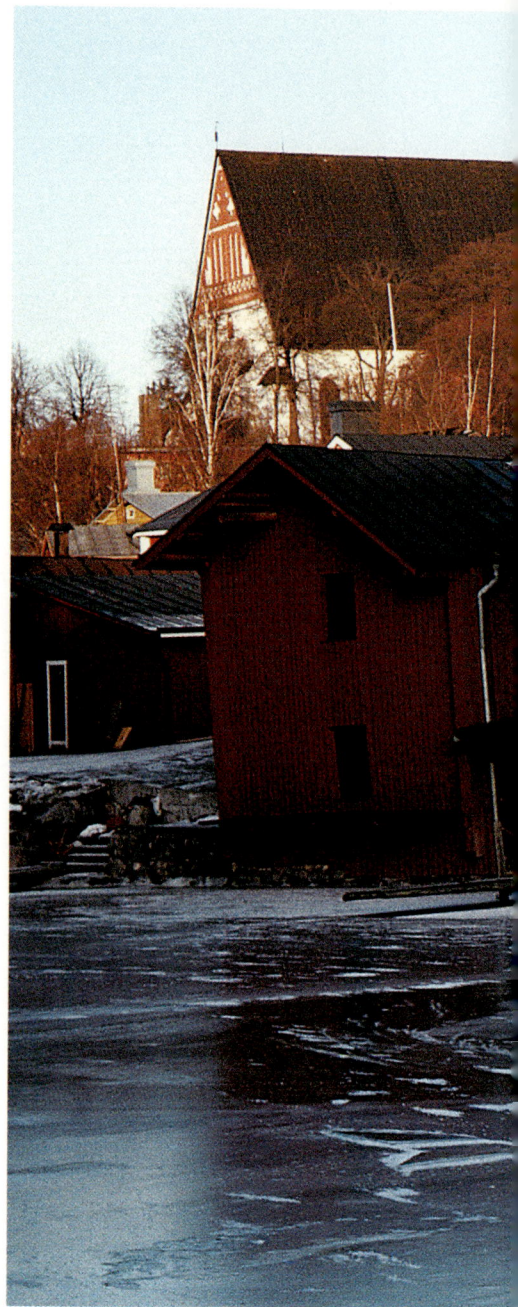

NAISEN ASEMA

Vuonna 1906 Suomesta tuli Uuden–
Seelannin jälkeen toinen maa
maailmassa, joka antoi naisille
äänioikeuden, ja vuonna 1990 Suomi
nimitti puolustusministerikseen
naisen. Myös Suomen suhteellisen
edustuksen periaatteen mukaan
valittavassa monipuolue-
eduskunnassa on paljon naisia.
Kansan mieleenpainuvin poliitikko on
kuitenkin ollut mies: presidentti Urho
Kekkonen, jonka rautainen tahto
johdatti sodanjälkeisen Suomen
vaurauteen vuosina 1956–1981.

WOMEN EMPOWERED

In 1906, Finland became the second
country in the world, after New
Zealand, to give women the vote and,
in 1990, they achieved a European
first by naming a female defense
minister. Women also appear
prominently in the multi-party
Finnish Parliament, which is voted by
proportional representation. But the
nation's most indelible politician was
a man: ex-President Urho Kekkonen,
whose iron will from 1956–1981 is
credited with leading post-war
Finland to prosperity.

FRAUEN AM RUDER

Finnland wurde 1906 – nach
Neuseeland – das zweite Land in der
Welt, in dem die Frauen das
Stimmrecht erhielten, und 1990
erreichte es einen europäischen ersten
Platz durch die Ernennung einer Frau
zum Verteidigungsminister. Auch im
finnischen Parlament, das auf dem
Mehrparteiensystem beruht und nach
einem proportionalen Verfahren
gewählt wird, treten die Frauen stark
in Erscheinung. Doch der Politiker,
der die Nation am stärksten geprägt
hat, war ein Mann: Urho Kekkonen,
Präsident von 1956 bis 1981, dem
zugeschrieben wird, Finnland nach
dem Krieg mit eisernem Willen zum
Wohlstand geführt zu haben.

RUNOILIJAN KAUPUNKI

Itämeren rannalla, 48 km Helsingistä
itään sijaitsee yksi Suomen
vanhimmista kaupungeista, vuonna
1346 perustettu Porvoo. Tulipalo
tuhosi kaupungin vuonna 1760, mutta
siitä huolimatta kaupungissa on
restauroitu tuomiokirkko vuodelta
1418 ja 1700-luvulta peräisin oleva
värikäs vanhakaupunki puutaloineen
ja mukulakivikatuineen. Porvoo on
myös Suomen kansallisrunoilijan ja
Maamme-laulun kirjoittajan J. L.
Runebergin kotikaupunki. Runoilijan
muistopäivänä 5. helmikuuta tarjotaan
herkullisia "Runebergin torttuja".

POET'S TOWN

The town of Porvoo (1346), located
48 km. east of Helsinki along the
Baltic coast, is one of the oldest in
Finland. A fire in 1760 devastated the
city – still, it has a restored cathedral
dating from 1418 and an 18th-century
old town with colorful wooden
houses and cobbled streets. Porvoo
also was the hometown of J.L.
Runeberg, Finland's national poet and
author of the national anthem,
"Maamme-laulu". The poet is further
commemorated all over Finland every
February 5th with delicious jam-filled
cakes called Runebergin torttu.

DIE STADT DES DICHTERS

Porvoo (1346) an der Ostseeküste 48
km östlich von Helsinki ist eine der
ältesten Städte Finnlands. 1760 wurde
das Zentrum durch Feuer zerstört,
doch Porvoo hat noch eine Kirche
von 1418 und eine Altstadt aus dem
18. Jh. mit farbenfrohen Holzhäusern
und Kopfsteinpflaster. Es war auch
die Heimatstadt von J.L. Runeberg,
dem finnischen Nationaldichter und
Schöpfer der Nationalhymne. Man
gedenkt seiner jedes Jahr am 5.
Februar mit feinen Törtchen:
Runebergin torttu.

Vilkas Sisä-Suomi

Industrious inland

Rühriges Binnenland

Hämeen etelälaita on Suomen eloisimpia alueita. Siellä on sekä monenlaista liiketoimintaa että runsasta kulttuuritarjontaa: talviurheilusta keskiaikaiseen arkkitehtuuriin ja tekstiiliteollisuuteen. Hämeen sydämessä kulkee pohjoisesta etelään järvien ja jokien ketju, joka aikoinaan edisti teollista kehitystä, mutta joka Suomen ympäristönsuojelullisen valppauden vuoksi sopii vielä myös kalastukseen ja höyrylaivamatkailuun. Suomen pisin ja syvin järvi, Päijänne, reunustaa sitä idässä ja jatkuu aina Jyväskylän kaupunkiin saakka.

Keskellä Hämettä on Hämeenlinnan pieni kaupunki, ja Tampere puolestaan on seudun suurin kaupunki. Muita mainittavia keskuksia ovat Riihimäki, tärkeä rautateiden risteysasema, joka oli aikaisemmin kuuluisa lasiteollisuudestaan, ja Lahti, jossa järjestetään monet Suomen suosituimmista talviurheilutapahtumista.

The land-locked southern Häme region is one of Finland's busiest. From winter sports to medieval architecture to textile manufacturing, the area is as various in its business activities as its cultural offerings. At its heart, a north-south network of lakes and rivers has complemented industrial development but, due to Finland's keen environmental awareness, still lends itself to fishing and steamboat cruises. Finland's longest and deepest lake, the Päijänne, skirts its eastern border, reaching up out of Häme into the city of Jyväskylä.

The provincial head of the Häme region is the small burg of Hämeenlinna, and Tampere is its largest city. Other notable towns include Riihimäki, an important railway connection point and former glassmaking center, and Lahti, host to many of Finland's most popular winter sports events.

Die Provinz Häme im südlichen Mittelfinnland ist besonders geschäftig. Das rege Wirtschaftsleben und das kulturelle Angebot zeigen große Vielfalt, vom Wintersport über mittelalterliche Architektur bis hin zur Textilindustrie. Ein in Nord-Süd-Richtung verlaufendes Netz von Flüssen und Seen im Herzen der Region hat die industrielle Entwicklung gefördert, ist aber dank dem starken finnischen Umweltbewußtsein immer noch zum Fischen und zu Bootsausflügen geeignet. Der längste und tiefste See Finnlands, der Päijänne, bildet den Ostsaum und reicht im Norden über Häme hinaus bis in die Stadt Jyväskylä hinein.

Hauptstadt der Provinz Häme ist das kleine Hämeenlinna mit seiner Burg, die größte Stadt der Region ist Tampere. Andere wichtige Städte sind Riihimäki, wichtiger Eisenbahnknotenpunkt und ehemaliges Zentrum der Glasindustrie, und Lahti, Veranstaltungsort vieler Wintersportwettkämpfe, die in Finnland besonders beliebt sind.

Hämeenlinnassa sijaitseva 1200-luvulta peräisin olevan Hämeen linna on yksi niistä viidestä keskiaikaisesta linnasta, jotka ovat säilyneet Suomessa. Linna oli jonkin aikaa vankilana, mutta viime vuosikymmeninä vierailut ovat olleet täysin vapaaehtoisia. Muita nähtävyyksiä ovat talo, jossa säveltäjä Jean Sibelius syntyi, ja Aulangon ylellinen loma- ja kongressikeskus.

LASINTUOTANTOA

Lumi ja jää ja lukemattomat kirkkaat järvet varmastikin herättävät inspiraation, sillä suomalaisen lasin omaperäistä kauneutta ihaillaan kaikkialla maailmassa. Riihimäellä, tunnin junamatkan päässä Helsingistä, on monipuolinen lasimuseo, joka yhdessä lasinpuhaltaja Pekka Paunilan avoimen työhuoneen kanssa tarjoaa laajan katsauksen lasinvalmistuksen taitoon. Iittalan ja Nuutajärven lasitehtaat ovat hivenen pohjoisempana.

GLASHÜTTEN

Monate in Eis und Schnee und die unzähligen klaren Seen müssen eine Inspiration sein, denn finnisches Glas hat einen weltweit beachteten eigenen Look. In Riihimäki – eine Zugstunde von Helsinki entfernt – bieten das Finnische Glasmuseum und die Werkstatt des Glasbläsers Pekka Paunila einen detaillierten Überblick über dieses Kunsthandwerk. Die Fabriken Iittala und Nuutajärvi liegen weiter nördlich.

HEART OF HÄME

The 13th-century Häme Castle, in Hämeenlinna, is one of five medieval fortresses still standing in Finland. The castle functioned for some time as a prison, but in recent decades its visitors have been strictly voluntary. Other local attractions include the townhouse where composer Jean Sibelius was born and the opulent Aulanko resort and congress center.

DAS HERZ VON HÄME

Die in der Stadt Hämeenlinna gelegene Burg Häme aus dem 13. Jahrhundert ist eine der fünf erhaltenen mittelalterlichen Befestigungen in Finnland. Eine Zeitlang diente die Burg als Gefängnis, aber seit einigen Jahrzehnten kommen die Besucher nur noch freiwillig. Andere Sehenswürdigkeiten in Hämeenlinna sind das Stadthaus, wo der Komponist Jean Sibelius geboren wurde, und das beliebte Ausflugsziel und Kongreßzentrum Aulanko.

GLASSWORKS

Months of ice and countless clear lakes must provide inspiration, for Finnish glassware has a distinctive look admired the world over. In Riihimäki, one hour by train from Helsinki, a well-appointed Finnish Glass Museum and the open studio of glassblower Pekka Paunila offer a comprehensive look at the art. Iittala and Nuutajärvi glassworks wait just a bit further north.

TALVIURHEILU

Lahden kaupunki Vesijärven pohjukassa suosii näyttävästi talouselämää, mutta parhaiten se tunnetaan talviurheilun ansiosta. Erityisen suositut ovat jokavuotiset Salpausselän kisat, joissa Suomen mainiot mäkihyppääjät, sellaiset nimet kuin olympialaisten kultamitalimiehet Matti Nykänen ja Toni Nieminen, saavat liikkeelle laumoittain ihailijoita.

WINTER GAMES

Although it likes to promote its business identity, Lahti, a city at the hollow of Lake Vesijärvi, is best known among Finns for its winter sports. Especially popular are the annual Salpausselkä Ski Games, where Finland's awesome ski jumpers – such as Olympic gold medalists Matti Nykänen and Toni Nieminen – always bring out hordes of adoring fans.

SUOMALAINEN SISU

Sisu on sana, jolla suomalaista luonnetta useimmiten kuvaillaan. Sen merkitystä on vaikea kääntää vieraalle kielelle, ja toisinaan saattaa ulkomaalaisesta vaikuttaa siltä, että onkin kysymys päättömyydestä eikä sitkeästä päättäväisyydestä.

NATIONAL VERVE

Sisu is the word that most frequently comes up in describing the Finns' national character. Literally, it means "guts"; but to outsiders it sometimes seems to mean "nuts".

WINTERSPIELE

Wenngleich die Stadt Lahti am See Vesijärvi gern ihr Image als Zentrum der gewerblichen Wirtschaft hervorkehrt, so ist sie unter den Finnen doch am besten durch den Wintersport bekannt. Besonders beliebt sind die jährlichen Salpausselkä-Skiwettkämpfe, zu denen die legendären Skispringer Finnlands – wie die Olympiasieger Matti Nykänen und Toni Nieminen – jedesmal Scharen von begeisterten Fans herbeilocken.

NATIONALCHARAKTER

Sisu ist das Wort, mit dem der finnische Nationalcharakter häufig umschrieben wird. Dem Buchstaben nach ist es wohl das, was der Engländer "guts" nennt (Wagemut, Kühnheit, Unbeugsamkeit); wenngleich Außenstehende manchmal glauben, es bedeute "nuts" (Verrücktheit, Tollkühnheit).

VAUHDIN HURMAA

Elokuussa Jyväskylän kaupunkiin tungeksii 400 000 katselijaa seuraamaan nelipäiväisiä kansainvälisiä Jyväskylän suurajoja ja samanaikaisesti järjestettäviä pienempiä tapahtumia kuten formulaluokan pikavenekilpailu. Valitettavasti jännittävät tapahtumat saattavat estää huomaamasta millainen Alvar Aallon arkkitehtuurin aarreaitta kaupunki on: siellä on kolmekymmentä Aallon suunnittelemaa rakennusta.

SPEED EVENTS

Every August, about 400,000 spectators crowd into the city of Jyväskylä for the four-day international One Thousand Lakes Auto Rally and simultaneous events like the One Lake Race for formula-class speed boats. Unfortunately, all the excitement may distract some from noticing Jyväskylä's treasure trove of Alvar Aalto architecture: 30 local buildings are of his design.

MOTORSPORT

Jedes Jahr im August strömen an die 400.000 Zuschauer in die Stadt Jyväskylä zur viertägigen internationalen Ralley der tausend Seen und zu den gleichzeitig veranstalteten Rennen auf dem See für Motorboote der Formel-Klasse. Leider dürfte das unruhige Treiben einige davon abhalten, den architektonischen Schätzen von Jyväskylä Beachtung zu schenken: 30 Bauwerke in der Stadt sind von Alvar Aalto.

Tampereen männikköisen Pyynikin puiston kirkasvetiset rannat, ulkoilmateatteri ja ihastuttavat polut ovat aivan kaupungin keskustan tuntumassa. Puiston toisessa päässä on ilmava Pispala, jossa 1800-luvun lopun puutalot painautuvat Pyynikin harjun harvinaiseen moreeniin melkein pystysuorien portaikkojen ja kapeina kaartelevien katujen lomassa. Pispalan näköala – samoin harjulle kiipeäminen – on henkeäsalpaava kokemus.

VIEW FROM THE RIDGE

The clear beaches, outdoor summer theater and lovely paths of Tampere's pine-laden Pyynikki Park lie just adjacent to the city center. At the park's far end, in the aery Pispala district, late 19th-century wooden homes hug the rare glacial moraine of Pyynikki Ridge, connected by almost vertical steps and narrow rounding streets. The Pispala view – and climb – is breathtaking.

BLICK VON DER HÖHE

Die hellen Strände, das Freilichttheater und die naturschönen Pfade des kiefernbestandenen Pyynikki-Parks liegen unmittelbar neben dem Zentrum von Tampere. Auf der anderen Seite des Parks liegt Pispala; Holzhäuser aus dem späten 19. Jahrhundert schmiegen sich, durch fast senkrechte Treppen und enge Straßen verbunden, an den Hang der eiszeitlichen Pyynikki-Höhe. Die Aussicht – wie auch der Aufstieg – ist atemberaubend.

TEHTAITA JA TEOLLISUUTTA

Tampereen keskustan läpi kuohuu Tammerkoski, Suomen toiseksi suurimman kaupungin sielu. Ruotsin kuningas Kustaa III perusti kaupungin vuonna 1779 kosken teollisuudelle tarjoamien mahdollisuuksien takia, ja 1820-luvulla skotlantilainen James Finlayson rakensi sinne tekstiilitehtaan, joka vauhditti Tampereen niin mahtavaan kasvuun, että siitä tuli Suomen teollisuuden pääkaupunki. Kosken rannalla on edelleenkin jäljellä useita punatiilisiä tehdasrakennuksia, jotka ovat yllättävän viehättäviä muistutuksia Tampereen historiasta.

MILLS AND FACTORIES

The Tammerkoski Rapids rush through the center of Tampere, giving Finland's second largest city its body and soul. It was because of their industrial potential that King Gustaf III of Sweden founded the city in 1779 and a Scotsman named James Finlayson built a textile mill here in the 1820s – spurring Tampere on to becoming Finland's industrial capital. Many old red-brick factory buildings still pose alongside the waters, surprisingly attractive monuments to Tampere's history.

STADT DER FABRIKEN

Die Stromschnelle Tammerkoski durchfließt das Zentrum von Tampere, sie ist die Seele dieser zweitgrößten Stadt Finnlands, und sie war auch der Anlaß zur Stadtgründung im Jahre 1779 durch den Schwedenkönig Gustav III., der ihre industrielle Nutzung im Auge hatte. Ein Schotte namens James Finlayson baute hier 1820 eine Textilfabrik – und damit begann der Aufstieg Tamperes zur Hauptstadt der finnischen Industrie. Viele alte Rotziegelbauten der Fabrikanlagen säumen immer noch die strömenden Fluten als überraschend attraktive Denkmale der Stadtgeschichte von Tampere.

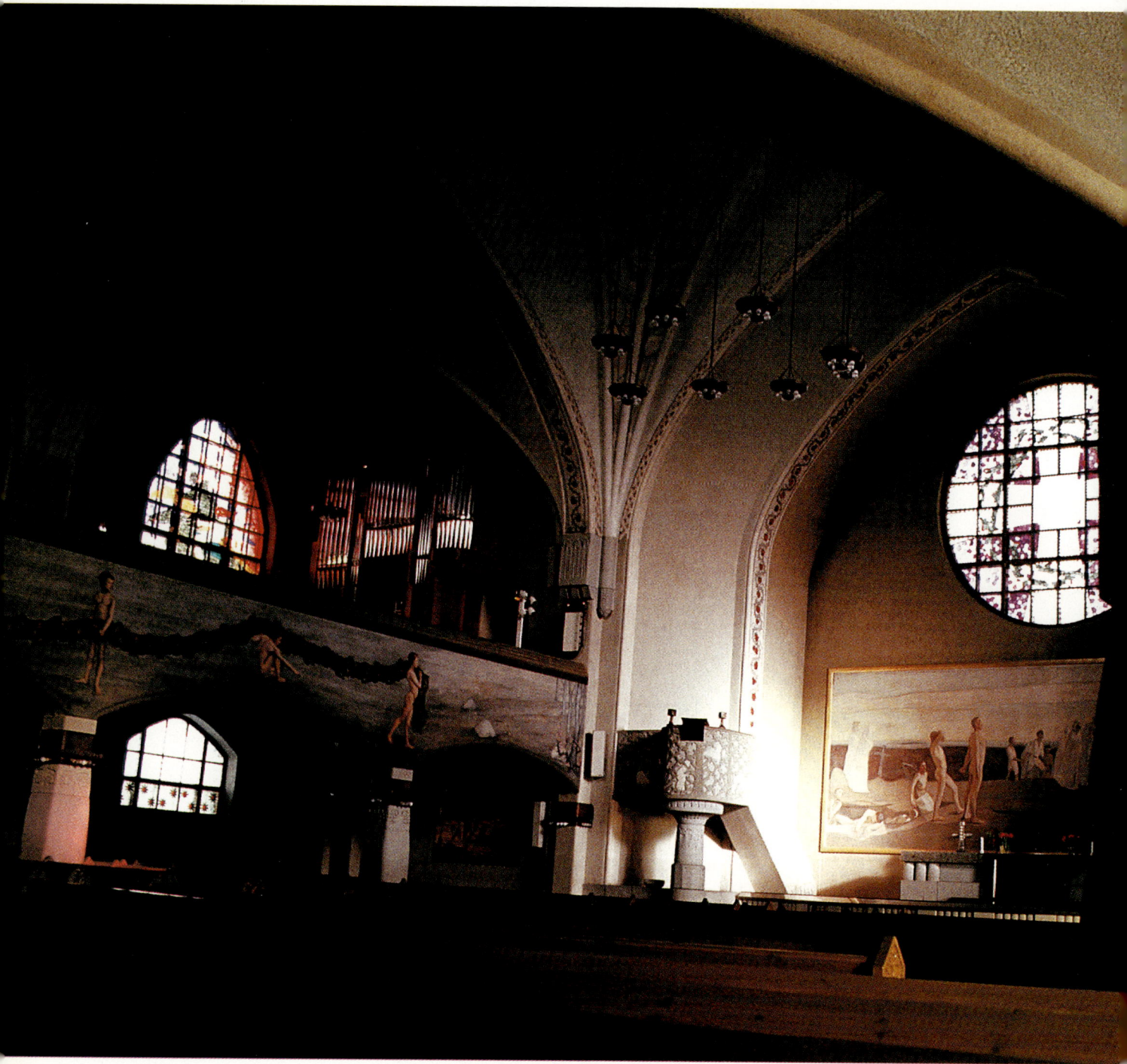

TAMPEREEN TUOMIOKIRKKO

Lars Sonck oli Suomen
kansallisromanttisen arkkitehtuurin
tärkeimpiä edustajia, eikä hänen
mielikuvituksensa ole missään
tuottanut niin onnistunutta jälkeä kuin
Tampereen tuomiokirkossa. Kirkko
valmistui vuonna 1907, ja sen
sisäpuoli yllättää karuun luterilaiseen
muotokieleen tottuneen värilasi-
ikkunoillaan ja taiteilija Hugo
Simbergin unohtumattomilla
freskoilla.

TAMPERE'S CATHEDRAL

Lars Sonck was one of the most
important architectural exponents of
Finland's National Romantic style,
and nowhere was his imaginative
work more successful than at
Tampere's Cathedral. Completed in
1907, the cathedral's interior defies its
spartan Finnish Lutheran brethren
with lively stained-glass windows and
unforgettable gallery frescoes from
the artist Hugo Simberg.

DER DOM ZU TAMPERE

Lars Sonck war einer der wichtigsten
Vertreter der finnischen
Nationalromantik im Bereich der
Architektur. Nirgendwo zeigt sich der
Einfallsreichtum seiner Arbeiten so
gut wie im Dom zu Tampere. Das
Interieur der Domkirche (1907)
überrascht die strengen finnischen
Lutheraner mit lebhaften
Buntglasfenstern und eindrucksvollen
Fresken des Künstlers Hugo Simberg.

TYÖLÄISTEN KAUPUNKI

Tampere on edelleen ylpeä maineestaan Suomen "työläisten kaupunkina". Täällä pidettiin Venäjän vallankumousmiesten salaisia kokouksia vuosina 1905 ja 1906, ja täällä tapasivat toisensa ensimmäisen kerran V. I. Lenin ja Josef Stalin. Tampereella on hämmästyttävän paljon teattereita, puistoja ja ensiluokkaisia julkisia palveluita, esimerkiksi kaupunginkirjasto, jota sanotaan "Metsoksi", koska arkkitehtien Raili ja Reima Pietilän suunnittelema rakennus ilmasta katsoen näyttää soitimella tepastelevan metson muotoiselta.

STADT DER ARBEITER

Tampere ist stolz auf seinen Ruf, die "Arbeiterstadt" Finnlands zu sein. Die Stadt beherbergte 1905 und 1906 geheime Kongresse der russischen Revolutionäre, hier fand die erste Begegnung zwischen Wladimir Iljitsch Lenin und Jossif Wissarionowitsch Stalin statt. Tampere hat viele Theater, Parkanlagen und ausgezeichnete öffentliche Einrichtungen wie z.B. die Hauptbibliothek der Stadt, "Metso" genannt, weil die Konturen des von den Architekten Raili und Reima Pietilä entworfenen Gebäudes an einen balzenden Auerhahn erinnern.

THE WORKER CITY

Tampere is proud of its reputation as Finland's "worker" city. The city even hosted clandestine congresses for Russian revolutionaries in 1905 and 1906 and was the site of V.I. Lenin and Joseph Stalin's first meeting. It has many theaters, parks and impeccable public facilities such as the central library, nicknamed "Metso" because architects Raili and Reima Pietilä designed it to resemble the male wood grouse in courtship pose.

Järviä ja aarniometsiä

Lakes and wilderness

Seen und Wildnis

Itä-Suomen eteläosan Savon ja Saimaan suurenmoisella järviseudulla ja pohjoisempana Karjalan aarniometsissä luonto eläimineen on romanttisimmillaan, ja siellä myös perinteet ovat säilyneet värikkäinä.

Karjalaiset seudut ovat väestöltään ja hengeltään selvästi itäisiä, ja suuri osa maa-alueesta menetettiin Neuvostoliitolle toisessa maailmansodassa. Savossa puolestaan tuntuu toisinaan olevan enemmän vettä kuin maata, ja puheliailta savolaisilta luistaa juttukin kuin vettä vaan.

Suurimmat kaupungit ovat Lappeenranta Saimaan etelärannalla, Joensuu keskellä Pohjois-Karjalaa ja Kuopio Savon sydämessä. Kesällä kannattaa pistäytyä maaseutukylissä, asua mökissä järven rannalla ja vierailla viehättävissä Savonlinnan kaltaisissa lomakaupungeissa.

The southern half of eastern Finland partners the lake country of the Savo and Saimaa regions with the wilderness of the area called Karelia and emerges with some of the country's most romantic wildlife and vivid traditions.

Karelia is distinctly eastern-looking in its genealogy and its spirituality. Indeed, a large section of it was subsumed by Russia after World War Two. Savo, meanwhile, sometimes seems like more water than land. The people are equally fluid in their conversation, usually the most talkative of the Finns.

The largest cities are Lappeenranta at the southernmost edge of Lake Saimaa, Joensuu at the corner of northern Karelia, and Kuopio in the center of Savo. In summer, however, the best places to visit are rural hamlets, lakeside cottages and pretty towns with resort appeal like Savonlinna.

Im südlichen Teil Ostfinnlands verschmelzen die herrlichen Seengebiete der Savo- und Saimaa-Regionen mit der Wildnis Kareliens, wo noch die romantischste Natur und lebendige Traditionen zu finden sind.

Karelien hat geschichtlich und geistig ein östliches Gepräge; ein großer Teil des Gebietes fiel nach dem Zweiten Weltkrieg an Rußland. Die Region Savo wiederum scheint streckenweise mehr aus Wasser als aus Land zu bestehen. Und genauso flüssig unterhalten sich hier die Leute – wohl der gesprächigste Teil der Finnen.

Die großen Städte sind Lappeenranta am äußersten Südostufer des Saimaa-Sees, Joensuu in Nordkarelien und Kuopio im Herzen von Savo. Im Sommer lohnt es sich jedoch am meisten, kleine Bauerndörfer, Sommerhäuser am See und schöne Kleinstädte mit Sehenswürdigkeiten, z.B. Savonlinna, zu besuchen.

ITÄINEN JÄRVISEUTU

Viimeisimmän jääkauden jäätiköt
muovasivat Itä-Suomen peruskalliota.
Suunnilleen 8 000 vuotta sitten maa
alkoi kohota. Sen tuloksena on
saarien läikittämien järvien verkosto,
joka ulottuu eteläiseltä Saimaalta
Kallavedelle ja Pieliselle asti
pohjoiseen. Kvartsiittiharjanteilta –
jotka nekin ovat jäänteitä muinaisista
6 000 metrin korkuisista vuorista –
näkee, kuinka järvet ulottuvat
loputtomiin lumoavan kauniina ja
rauhallisina sinisinä läikkinä vihreällä
pohjalla.

EASTERN LAKELAND

The glacial retreat of the last Ice Age
shaped a granite bedrock in eastern
Finland; then, some 8,000 years ago,
the land rose. The result is a network
of island-studded lakes that stretches
from the Saimaa system in the south
to the Kallavesi and Pielinen lakes in
the north. Viewed from the area's
quartzite ridges – themselves the
remains of ancient 6,000-meter-high
mountains – they extend enchanting
and peaceful in an endless patchwork
of blue and green.

DIE ÖSTLICHE SEENPLATTE

Die letzte Eiszeit ließ in Ostfinnland
einen vom Eis überformten
granitenen Grundfels zurück; dann,
vor etwa 8.000 Jahren, begann das
Land sich zu heben. Das Ergebnis ist
ein Netz inselübersäter Seen, das sich
vom Saimaa-System im Süden bis zu
den Seen Kallavesi und Pielinen im
Norden erstreckt. Wenn man von den
Quarzsteinfelsen – den Resten eines
6.000 Meter hohen Urgebirges –
hinunterblickt, bilden sie ein
faszinierendes, friedvolles, unendlich
weites Mosaik aus Blau und Grün.

OOPPERA

Suomalaisten oopperalahjakkuus on poikkeuksellista. Monista laulajista on tullut kansainvälisesti tunnettuja tähtiä, kuten baritoni Jorma Hynnisestä, bassolaulaja Matti Salmisesta ja legendaarisesta bassosta Martti Talvelasta, ja suomalaiset säveltäjät ovat viimeisten 25 vuoden aikana säveltäneet yli 60 uutta oopperaa. Joka heinäkuu pidetään Savonlinnan 1400-luvulta peräisin olevassa Olavinlinnassa suuret oopperajuhlat, jossa suomalaiset ja klassiset oopperat soivat upeassa ympäristössä.

OPERA

Finland's talent for opera is extraordinary. Numerous Finnish singers – like baritone Jorma Hynninen and basses Matti Salminen and the legendary Martti Talvela – have become international stars, and Finnish composers have contributed over 60 works to the modern opera repertoire in the last 25 years. A magical place to experience Finnish and classical opera is the renowned Savonlinna Opera Festival, held every July in the picturesque town's 15th century Olavinlinna Castle.

OPER

Die Finnen haben ein besonderes Talent für die Oper. Viele finnische Sänger – wie der Bariton Jorma Hynninen und die Bässe Matti Salminen und der legendäre Martti Talvela – sind weltbekannt, und finnische Komponisten haben in den letzten 25 Jahren das moderne Opernrepertoire um mehr als 60 Werke bereichert. Ein magischer Ort für finnische und klassische Opern sind die Opernfestspiele im Juli in der Burg Savonlinna (15. Jh.).

TAIDETTA RETRETISSÄ

Toukokuusta syyskuuhun esittelee
Retretin taidekeskus Punkaharjulla
persoonallisesti ajattelevien
suomalaisten nykytaiteilijoiden
installaatioita. Esimerkkinä voidaan
mainita vaikkapa palkittu
kuvanveistäjä ja muotoilija Stefan
Lindfors, mutta esillä on myös muita,
perinteisempiä töitä ja näyttelyitä.
Näyttelytilat on luotu maatalon
rakennuksista, luonnonniityistä – ja
valtavasta maanalaisesta luolastosta.

ART AT RETRETTI

From May to September, the Retretti
Art Center in Punkaharju, near by
Savonlinna, houses the installation art
of independent-minded contemporary
Finnish artists like sculptor and
design artist Stefan Lindfors, plus
other and more traditional works and
exhibitions. Gallery space is created
out of farm buildings, uneven lawns –
and a huge funnel of underground
caves.

KUNST IN RETRETTI

Von Mai bis September präsentiert
das Art Center Retretti in Punkaharju
wichtige Werke eigenständiger
zeitgenössischer finnischer Künstler,
wie die des preisgekrönten Bildhauers
und Designers Stefan Lindfors sowie
auch andere traditionellere Werke und
Ausstellungen. Der Raum dafür
wurde in landwirtschaftlichen
Gebäuden, auf unebenem
Rasengelände und in gewaltigen
unterirdischen Felsentunneln
geschaffen.

HILJAISELOA

Savon ja Karjalan rajamailla on ortodoksinen Uuden Valamon luostari. Suomalaisista on ortodokseja vain 1.1%, mutta vieraanvaraiset ja oppineet veljet toivottavat hiljaisuuden ja mielenrauhan etsijät tervetulleiksi uskontokuntaan katsomatta. Luostarista pohjoiseen matkatessa alkavat Karjalan synkät metsät, joiden kätköissä elää susia, ilveksiä ja karhuja, jotka ovat niin arkoja, etteivät edes kaukaisimpien korpien samoajat niitä usein näe.

FOREST DWELLERS

Tucked away between Savo and Karelia is the new Valamo Monastery, a seat of the Orthodox faith to which 1.1% of the Finnish population belongs. Hospitable and erudite, the brothers welcome retreat seekers of all faiths. Also hidden away in the dark Karelian forest are wolves and lynx and bears, though most are so retiring even backwood trekkers rarely see them.

STILLE EINKEHR

Wo Savo in Karelien übergeht, liegt das orthodoxe Kloster Uusi Valamo. Nur 1,1% der Finnen bekennen sich zum orthodoxen Glauben, doch die gastfreien, gelehrten Mönchen nehmen Ruhesuchende aller Konfessionen freundlich auf. Vom Kloster nach Norden beginnen die dunklen karelischen Wälder, ein Versteck für Wolf, Luchs und Bär, die so scheu sind, daß Wanderer auch tief in der Wildnis sie nur selten zu Gesicht bekommen.

KARJALA

Venäjän ja Neuvostoliiton hyökkäykset ja valloitukset ovat kohdistuneet voimakkaimmin Karjalaan, mutta siitä huolimatta karjalaiset ovat ehkä kaikkein avoimimpia ja vieraanvaraisimpia suomalaisia. He tuovat väriä muuten varsin yhdenmukaiseen kansaan, sillä he ovat säilyttäneet mieliinpainuvan kansallispukunsa, musiikkinsa, kansanperinteensä ja puhetapansa. Karjalanpiirakka, jossa on riisitäyte ruistaikinakuoressa, on heidän herkullisimpia ja tunnetuimpia tuomisiaan suomalaiseen keittiöön.

KARELIA

Despite having borne the brunt of Russian attacks and invasions, Karelians remain perhaps the most open and hospitable Finns. They also add much flavor to a generally homogenous nation by retaining a memorable traditional costume, music, folklore and manner of speech. *Karjalanpiirakka,* a soft rye envelope pinched around a moist rice filling, is one of their tastiest and most common contributions to Finnish cuisine.

KARELIEN

Obgleich die Karelier die Hauptlast der russischen Angriffe und Invasionen zu tragen hatten, sind vielleicht gerade sie wohl die aufgeschlossensten und gastfreiesten Finnen. Durch ihre eindrucksvolle Tracht, Musik, Folklore und besondere Sprechweise sind die Karelier auch eine wichtige Bereicherung für die im übrigen sehr homogene Nation. *Karjalanpiirakka,* eine weiche offene Pirogge mit einer Reisfüllung, ist eine der bekanntesten und wohlschmeckensten karelischen Speisen der finnischen Küche.

KESÄNVIETTOA

Kun luonto puhkeaa kukkaan,
suomalaiset vetäytyvät suurina
laumoina rauhallisiin
järvenrantamökkeihin kesää
viettämään. Ne joita kesämökin rauha
kyllästyttää, voivat kulkea satoja
kilometrejä purjehtien itäisen Suomen
kapeissa salmissa ja kanavissa – tai
ajella moottoriveneillä tai matkustaa
höyrylaivoilla, jotka yhdistävät
Kuopion, Lappeenrannan, Joensuun
ja Savonlinnan.

COTTAGE RETREAT

When nature comes back in bloom,
Finns retreat in droves to tranquil
lakeside cottages to greet her and
relax. For the more restless, however,
in the eastern part of the country,
countless lakes, straits and canals
make it possible to travel for
hundreds of kilometers by sail- or
motorboat or on one of the steamboat
services that connect the towns of
Kuopio, Lappeenranta, Joensuu and
Savonlinna.

SOMMERHAUS

Wenn der Sommer wiederkehrt,
ziehen sich die Finnen in Scharen in
die Ruhe der Ferienhäuser an den
Seen zurück, um ihn dort zu
empfangen und sich zu entspannen.
Für die unruhigeren Seelen wiederum
bieten die engen Durchfahrten und
Kanäle im Ostteil des Landes die
Möglichkeit, Hunderte von
Kilometern im Motor- oder Segelboot
zurückzulegen oder einen der
Liniendampfer zu nehmen, der die
Städte Kuopio, Lappeenranta,
Joensuu und Savonlinna verbindet.

ARVOSTETTU PERINNE

Sauna merkitsee Suomessa suunnilleen samaa kuin teeseremonia Japanissa – se on melkein pyhä asia. Jokaisessa kodissa ja kerrostalossakin pitää olla sauna, ja monissa on kaksikin – toinen sisällä talvikäyttöön ja toinen ulkona veden ääressä kesällä kylpemistä varten. Viileä pulahdus veteen tuntuu tosiaankin suurenmoiselta kun on hikoillut hyvin lämmitetyn saunan löylyssä. Vaikutus on verrattoman puhdistava ja rentouttava.

HONORED TRADITION

Sauna is to Finland much as the tea ceremony is to Japan; not all that far from sacred. Every home or apartment building should have one, and many even have two – one inside for winter and another by water for summer. Indeed, after warming up in the hot steam of a well-stoked sauna, a cool dip feels delicious. The overall effect is incomparably cleansing and relaxing.

ALTEHRWÜRDIGE TRADITION

Die Sauna hat in Finnland etwa den gleichen Stellenwert wie die Teezeremonie in Japan; fast eine heilige Handlung. Jedes Ein- oder Mehrfamilienhaus sollte über eine oder sogar zwei Saunas verfügen, eine im Hause für den Winter und eine zweite am Ufer für den Sommer. In der Tat, nach dem Schwitzbad im Dampf einer gut geheizten Sauna gibt das Eintauchen in die kühlen Fluten ein herrliches Gefühl. Es bleibt das Gesamterlebnis einer unvergleichlichen Reinheit und Entspannung.

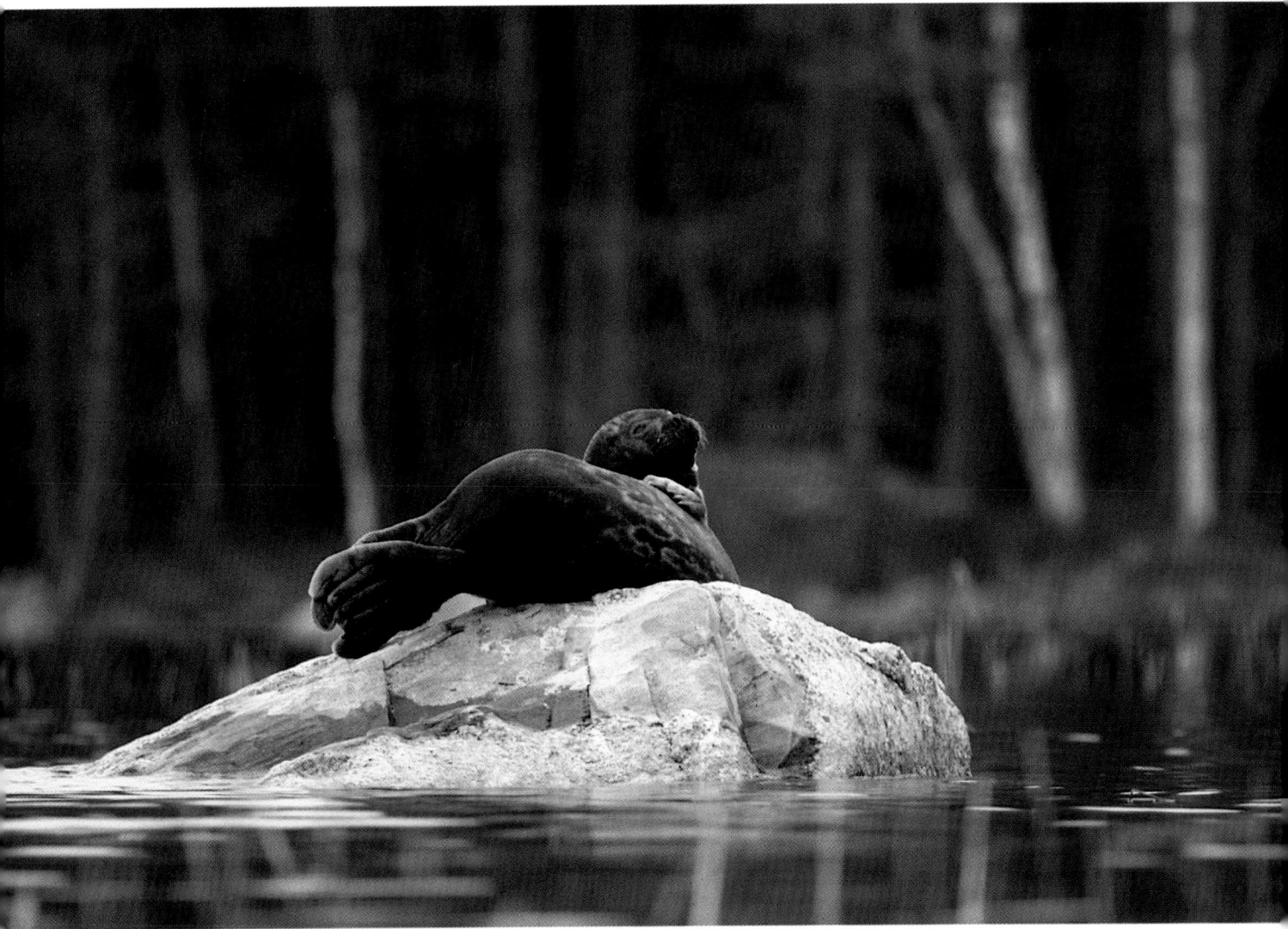

SAIMAANNORPPA

Saimaannorppa on suomalainen eläinlaji, joka elää vain Saimaan valtavassa järviverkostossa siellä mistä Vuoksi alkaa. Norppa on merkillinen jäänne jääkauden jälkeiseltä ajalta, jolloin Saimaan alueen järvet olivat suorassa yhteydessä Itämereen. Saimaannorppa on uhanalainen rauhoitettu eläin.

THE SAIMAA SEAL

The Ringed Seal of Saimaa is endemic to Finland, found only where the Vuoksi River meets with the huge Saimaa network of lakes. A curious relict from the period just after the Ice Age, when the Saimaa lakes connected directly to the Baltic, it is a highly endangered protected species.

DIE SAIMAA-ROBBE

Die Saimaa-Kegelrobbe ist eine endemische Spezies in Finnland, die nur da auftritt, wo der Vuoksi-Fluß sich mit dem gewaltigen Seensystem des Saimaa verbindet. Sie steht unter Naturschutz und ist vom Aussterben bedroht, ein merkwürdiges Relikt aus der Nacheiszeit, als die Saimaa-Seen noch unmittelbar mit der Ostsee verbunden waren.

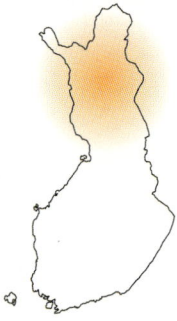

Pohjois-Suomi

The far north

Der hohe Norden

Vaaleanpunainen talvihämärä peittää loputtomat mäntymetsät ja hohtavan lumen. Kesäaurinko kypsyttää värikkäät marjat mättäillä, syksy räjäyttää vastustamattomasti esiin punaisen ja oranssin lieskat, ja surumielisen ankeana kaamosaikana, kun aurinko ei kertaakaan kohoa taivaanrannan yläpuolelle, Lappi on kuin toinen maailma, outo ja lähes myyttinen. Ei ole ihme että tämä Suomen pohjoisin osa, joka on maan lappalaisten kotiseutu, houkuttelee kaikenlaisia ulkoilmaelämän ystäviä.

Rovaniemi, Lapin pääkaupunki, sijaitsee vajaan kymmenen kilometrin päässä pohjoiselta napapiiriltä etelään. Sen lentokenttä, jolle Finnair lentää vuoden ympäri, on Lapin portti.

Pink winter twilight wide over endless pines and phosphorescent snow, brambles of colorful wild berries teased by summer sun, autumn's explosion of irrepressible cellulose red and orange: from the melancholy blue *kaamos* period when the sun never rises to the months of midnight sun, Lapland is so otherworldly that it is nearly mythic. Little wonder that this northernmost part of Finland, home to the country's Lapps, is precious to lovers of the outdoors of all sorts.

Rovaniemi, five miles south of the Arctic Circle, is the provincial capital and major arrival point for Lapland. Its airport, served by the national airline, Finnair, happily stays open all year.

Rote Winterdämmerung, weit über endlosen Kiefernwäldern und leuchtendem Schnee; Sträucher mit bunten sonnengereiften Wildbeeren des Sommers; der Herbst entfaltet sich über Nacht in Rot und Orange: Von der Melancholie der *Kaamos*-Zeit, wo die Sonne nicht aufgeht, bis zu den Monaten der Mitternachtssonne ist Lappland eine eigene Welt, fast mythisch. Kein Wunder, daß dieser nördlichste, von den Lappen bewohnte Teil Finnlands zu jeder Jahreszeit von Naturliebhabern aller Art besonders geschätzt wird.

Das Städtchen Rovaniemi, etwa acht Kilometer südlich des Polarkreises, ist Hauptstadt und Eingangstor für die Provinz Lappland. Der Flughafen wird ganzjährig von der nationalen Fluggesellschaft Finnair angeflogen.

LAPIN KANSA

Lappalaiset ovat Norjan, Ruotsin, Suomen ja läntisen Venäjän pohjoisosien alkuperäiskansaa, mutta ainakin Suomessa tapaa nykyisin harvoin lappalaisia Enontekiön, Inarin, Utsjoen ja Sodankylän saamelaisalueiden ulkopuolella. Suomessa heitä on enää alle 2 000, ja he pysyttelevät omissa oloissaan, usein itsenäisinä poronkasvattajina tai kalastajina. Muutokset tekevät kuitenkin tuloaan: moottorikelkkailu on lopettanut paimentolaisuuden lähes kokonaan.

LAPPISH FOLK

The Lapps are aboriginal to northern Norway, Sweden, Finland and western Russia, but in Finland at least, these days, it is rare to meet one outside four designated Saame districts: Enontekiö, Inari, Utsjoki and Sodankylä. Numbering less than 2,000 now, Finnish Lapps keep to themselves, often as reindeer herders or anglers. Changes are, however, creeping in: since the advent of the snowmobile almost none are still nomads.

DIE LAPPEN

Die Lappen sind die Ureinwohner der nördlichen Teile Norwegens, Schwedens und Finnlands und Westrußlands, aber in Finnland – zumindest heutzutage – trifft man sie nur selten außerhalb der vier als Saame-Gebiete ausgewiesenen Regionen: Enontekiö, Inari, Utsjoki und Sodankylä. Die finnischen Lappen – heute nicht ganz 2.000 an der Zahl – leben als selbständige Rentierhalter oder Fischer. Doch auch hier schleicht sich der Wandel ein: Mit dem Aufkommen des Motorschlittens haben die Lappen fast alle das Nomadenleben aufgegeben.

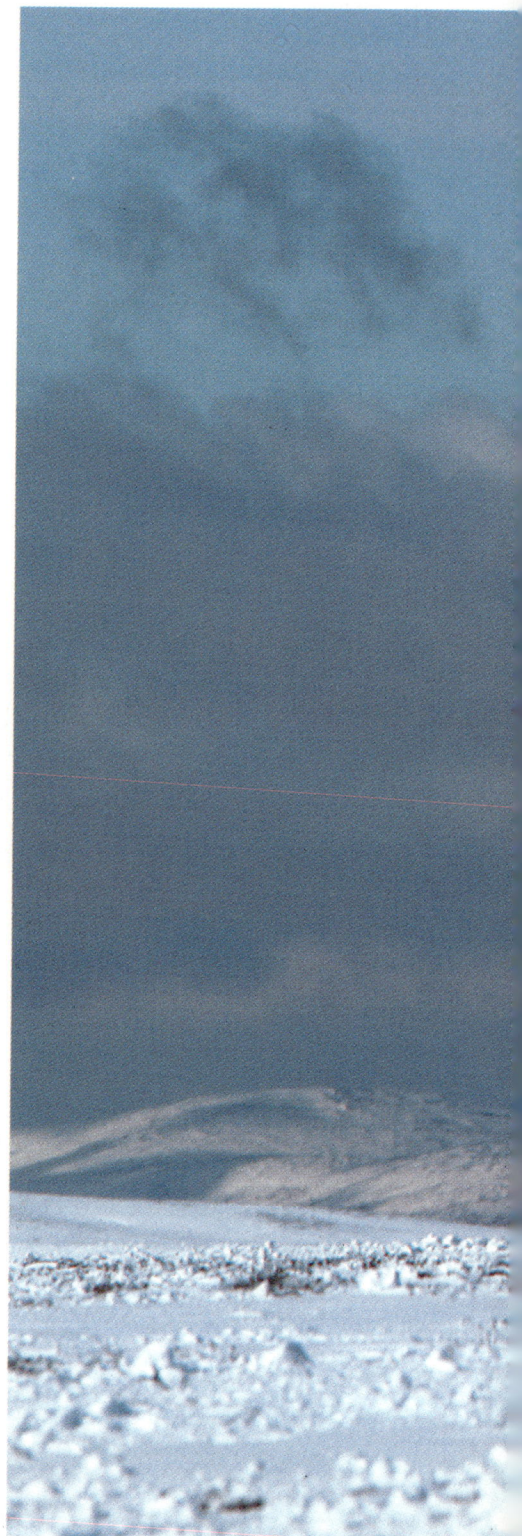

POROT

Vaikka hopeanhohtoinen poro saattaa joistakin ihmisistä vaikuttaa taianomaiselta eläimeltä, poronhoito on tärkeä elinkeino lappalaisille. Etelän asukkaille poro merkitsee savustettua leikkelettä, ja Lapissa autoileville vakavaa vaaraa.

THE REINDEER

Although the silvery reindeer may
seem somewhat magical to others,
they are an important source of
income for the Lapps who herd them,
a typical smoky sandwich meat for
Finns and a serious road hazard for
motorists in Lapland.

DAS REN

Dem Rentier in seinem Silberfell mag
für den einen oder anderen etwas
Magisches anhaften. Für die Lappen,
die Rentiere halten, ist es die
Einkommensquelle, für die Finnen
ein typisches Rauchfleisch und für
Auto- und Motorradfahrer eine ernste
Gefahr.

TAIANOMAISET TUNTURIT

Suomen ainoat korkeat tunturit ovat luoteisnurkassa, käsivarressa joka kurkottaa 30 kilometrin päähän Jäämerestä. Tunnetuin huippu on Saana (1 029 m), joka häälyy Kilpisjärven yllä herättäen lappalaisissa mystistä kunnioitusta. Sen huipulta avautuu kirkkaana päivänä näköala Suomen, Ruotsin ja Norjan poikki siihen kohtaan jossa kaikki nämä kolme maata kohtaavat.

MYSTICAL MOUNTAINS

Finland's only sizeable mountains stand along the northwest arm of the country, which extends to within 30 km. of the Arctic Ocean. The best-known peak is Saana (1,029 m.), an object of mystic reverence for the Lapp nation, looming above Lake Kilpisjärvi. The view from its summit spreads – on a clear day – across Finland, Norway and Sweden and the spot where all three countries meet.

MYSTISCHE BERGE

Die einzigen höheren Berge Finnlands liegen im Nordwestarm des Landes, der bis auf 30 km an das Eismeer heranreicht. Der bekannteste Gipfel, der Saana (1.029 m), der hoch über dem See Kilpisjärvi emporragt, ist für die Nation der Lappen Gegenstand mystischer Verehrung. Bei klarer Sicht schweift der Blick von seiner höchsten Stelle über Finnland, Norwegen und Schweden und das Dreiländereck.

LAULUJOUTSEN

Suomen kansallislintua laulujoutsenta oli vuonna 1950 Lapin erämaissa jäljellä enää 50 paria, mutta nykyään lintuja on huolellisen suojelun ansiosta melkein 1 000. Etelä-Suomessa pesii kyhmyjoutsen vieläkin runsaampana.

THE WHOOPER SWAN

By the 1950s there were only about 50 pairs of Whooper Swan, Finland's national bird, left in Lapland's wilds, but today, thanks to careful protection, there are nearly 1,000. The Mute Swan, which breeds in southern Finland, is still more numerous.

DER SINGSCHWAN

In den 50er Jahren wurden in Lappland nur noch etwa 50 Paare des Singschwans, des Nationalvogels Finnlands gezählt, aber heute sind es – dank sorgfältiger Schutzmaßnahmen – an die 1.000. Der Höckerschwan, der in Südfinnland vorkommt, ist noch zahlreicher.

JOULUPUKIN KAUPUNKI

Rovaniemelle virtaa joka vuosi
tonnikaupalla joulupukille osoitettua
postia. Nuoret kirjeiden kirjoittajat
kaikkialla maailmassa tietävät, että
joulupukki asuu Rovaniemen
pohjoispuolella Joulumaassa. Itse
kaupungissa on uusi Arktinen keskus,
180 metrin mittainen pitkulainen
tundralla kököttävä kupla, jonka
maanalaisissa näyttelyhalleissa
omistaudutaan pohjoisen taiteelle ja
kulttuurille.

SANTA'S CITY

Literally tons of mail pour into
Rovaniemi each year addressed to
Santa Claus, who is known by young
Christmas list mailers around the
world to live just north of the city at
"Christmas Land" – though in
Finland Santa is called the Christmas
Goat. Rovaniemi proper boasts a new
Arctic Center that may look like little
more than a 180-meter-long tubular
bubble roosting on the tundra but has
exhibition halls tunnelling the ground
below it, devoted to nurturing
northern arts and culture.

DIE STADT DES WEIHNACHTSMANNS

An den Weihnachtsmann adressierte
Post geht jedes Jahr buchstäblich
tonnenweise auf die Stadt Rovaniemi
hernieder. Die jungen Briefschreiber
in der ganzen Welt wissen, daß der
Weihnachtsmann im Norden von
Rovaniemi im "Weihnachtsland" lebt.
Das neue Arctic Center in der Stadt
selbst hockt als etwa 180 Meter lange
röhrenförmige Blase auf der Tundra.
Doch die darunter in den Boden
hinein gebauten Ausstellungshallen
sind der nordischen Kunst und Kultur
gewidmet.

LAPIN MAISEMA

Sodankylän hajanainen alue
yhdistelee erilaisia aineksia. Yksi osa
on lappalaisaluetta, toinen ankea
armeijan koulutusalue, kolmas
suurenmoista aarniometsää, jonka yllle
kohoavalla mahtavalla Pyhätunturilla
laskettelijat, murtomaahiihtäjät ja
kokeneet patikoitsijat löytävät sopivaa
maastoa. Sodankylässä pidetään
kesäkuussa "keskiyön auringon
elokuvajuhlat".

LAPPISH SCENE

The sprawling Sodankylä region
incorporates oddly disparate entities.
One part is a Lapp district, another is
a bleak military training base, a third
a gorgeous wilderness with the
magnificent Pyhätunturi Ridge rising
above it, where alpine and cross-
country skiers and hardy hikers find
their opportunity. Sodankylä town
itself holds the aptly named
"Midnight Sun" Film Festival in June.

LAPPISCHE LANDSCHAFT

Die weite Region Sodankylä vereinigt
seltsame Gegensätze. Ein Teil ist
lappisches Gebiet, ein anderer ein
unwirtliches Militärgelände, ein
dritter wiederum eine großartige
Wildnis mit dem herrlichen, steil
aufragenden Berg Pyhätunturi, für
alpine Skifahrer, Langläufer und
zünftige Wanderer wie geschaffen. In
der Stadt Sodankylä findet im Juni
das "Midnight Sun" Filmfestival statt.

POHJOINEN KANOOTTIKISA

Tornionjokilaakso, joka erottaa
Suomen ja Ruotsin toisistaan
pohjoisesta Kilpisjärvestä etelään
Tornion kaupunkiin asti, on Euroopan
asumattominta aluetta. Laaksossa
virtaavan joen rantaa 537 kilometrin
matkan myötäilevällä tiellä joutuu
todennäköisemmin väistämään poroa
kuin toista autoa – paitsi yhden viikon
aikana kesällä, kun kanoottikilpailu
synnyttää seudulle kansainvälisen
autojen, asuntovaunujen ja melojien
ruuhkan.

ARCTIC CANOE RACE

The valley dividing Finland and
Sweden, from Lake Kilpisjärvi in the
north to the city of Tornio in the
south, is one of Europe's most
deserted. The likelihood of having to
avoid a reindeer on the road that runs
parallel to 537 km. of river system is
greater than that of passing another
car – except for one week each
summer, when the Arctic Canoe Race
brings an international invasion of
cars and caravans and paddlers.

ARKTISCHE KANU-REGATTA

Das Tal, das Finnland von Schweden
trennt – vom See Kilpisjärvi im
Norden bis zur Stadt Tornio im Süden
– ist wohl eins der einsamsten in
Europa. Es ist wahrscheinlicher, auf
der 537 km an einem Flußsystem
entlang verlaufenden Straße einem
Rentier ausweichen zu müssen als
einem anderen Fahrzeug zu begegnen
– mit Ausnahme einer Woche im
Sommer, wenn die Arktische Kanu-
Regatta eine internationale Invasion
von Autos, Wohnwagen und Booten
auslöst.

ULKOILMAELÄMÄÄ

Rukalta avautuvat upeat näkymät: siniset tunturit siintävät Venäjän suunnassa, polkuja puikkelehtii mäntyjen lomassa, koskien kuohuissa välkkyy jää. Se on kesällä kiehtova paikka kalavesineen, patikkareitteineen ja kanoottimatkoineen, haaste talven hiihtokansalle – silti luonnollinen ja turmeltumaton.

GREAT OUTDOORS

Pause at the top of a ski slope in Kuusamo's Ruka Resort to study the vista before you; cool blue mountains that fade on into Russia, miles of path that dip in and out of endless pines, icy flashes of wild rapids. Kuusamo is an enchanting place, wonderful for the angler, hiker and kayaker in summer, challenging for the skier in winter, yet still natural and unspoiled.

PARADIES FÜR FREILUFTSPORTLER

Anhalten hoch am Hang im Skizentrum Ruka in Kuusamo, um das weite Panorama zu betrachten: das kühle Blau der sich bis nach Rußland hinein verlierenden Berge, Pfade, die immer wieder in endlose Kiefernwälder eintauchen, eisig blitzende Wildwasser. Kuusamo ist eine faszinierende, immer noch unverdorbene Naturlandschaft, im Sommer herrlich für Angler, Wanderer und Kanuten, im Winter eine Herausforderung für den Skiläufer.

METSÄMARJAT

Tutkimukset ovat osoittaneet, että Suomen kesän pitkät, viileät ja valoisat yöt tuottavat maukkaampia kasveja kuin eteläisemmät seudut. Jokaisen joka on nauttinut Suomen mehevistä herneistä tai mansikoista täytyy myöntää että asia todella on niin. Lapista tulevat voimakasaromiset marjat: rubiininpunainen mesimarja ja oranssinvärinen C-vitamiinipommi hilla.

WILD BERRIES

Studies have shown that the long, cool and light nights of Finnish summer produce plants with more aromatic substances than their southern counterparts, and anyone who has indulged in Finland's succulent peas or strawberries has to agree. Lapland's contribution includes pungent wild berries like the ruby red arctic bramble and the vitamin C-packed orange cloudberry.

WILDBEEREN

Untersuchungen haben erwiesen, daß die langen, kühlen und hellen Sommernächte in Finnland Pflanzen hervorbringen, die aromatischere Substanzen enthalten als ihre südlicheren Erscheinungsformen, und wer jemals den saftigen Erbsen und Erdbeeren in Finnland zugesprochen hat, muß dies bestätigen. Lapplands Spezialität sind die rubinrote arktische Himbeere und die an Vitamin C reiche gelbrote Moltebeere.

SUOSIKKIKALA

Suomalaiset ovat mestareita lohen valmistuksessa – sen voi kypsyttää uunissa tai tehdä lohipiirakaksi, sen voi paistaa pannussa tai savustaa niin että se sulaa suussa. On vaikea ymmärtää että siihen voisi kyllästyä, mutta aikoinaan tätä edelleenkin suosittua punalihaista kalaa oli Suomen vesissä niin runsaasti, että palvelusväen työsopimuksessa luvattiin, ettei sitä tarjota joka päivä.

FAVORED FISH

The Finns are such masters at preparing salmon – baked whole and flaky or in a buttery pie crust, sauteed in tender steaks or smoked to melt on your tongue – it is hard to understand how anyone could tire of it. But, the still-widespread pink-fleshed fish once ran so very plentifully through Finland's waters that hired hands had it written into work contracts that they wouldn't be served it every day.

EIN BELIEBTER FISCH

Die Finnen sind so große Meister im Zubereiten von Lachs – gebacken, ganz oder in Scheiben, oder als Pastete, gebraten, in zarten Filets oder geräuchert, um auf der Zunge zu zergehen – daß man seiner kaum überdrüssig wird. Doch diesen Fisch gab es hier einst in solcher Fülle, daß laut Arbeitsvertrag dem Personal nicht täglich Lachs serviert werden durfte.

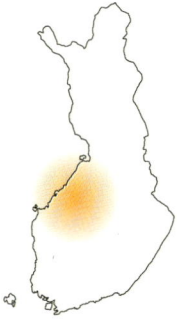

Lännen lakeudet

Western plains

Ebenen im Westen

Pohjanmaata hallitsevat laakeat peltoaukeat, ja siellä on vain muutamia järviä. Missään muualla Suomessa ei ole samanlaista. Eteläpohjalaiset maatalot ovat tavallisesti kaksikerroksisia, ja ympäröiviä peltoja pilkuttavat ladot. Sikäläisiä pidetään jäyhimpinä ja perinteisimpinä suomalaisina – harvasanaisina mutta herkästi kuohahtavina. Pohjoisempana elämää vilkastuttaa Oulun tärkeä kaupunki sekä pitkälle kehittynyt puutavara- ja paperiteollisuus. Pohjoispohjalaisiakin pidetään vähäpuheisina ja kuumaverisinä, ainutlaatuisina niin murteen kuin luonteenpiirteidenkin osalta.

Alue rajoittuu lännessä Pohjanlahteen, jonka rannalla sijaitsevat Oulu sekä Vaasan suuri satamakaupunki, jonka asukkaista kokonainen kolmasosa on ruotsinkielisiä. Seinäjoki taas on lakeuksien kaupunkikeskus.

Ostrobothnia, dominated by flat arable plains and limited in lakes, is like no other part of Finland. In its southern half, two-story farmhouses are the norm, the fields surrounding them are dotted with old wooden barns, and locals are known for being the most serious and traditional Finns – few in words and quick in passions. To the north, life is sped up by the important metropolis of Oulu and a well-developed paper and timber industry, but northern Ostrobothnians too are considered a cool-spoken hot-blooded group, unique in accent and temperament.

The area is bordered to the west by the Bothnian Gulf, along which lie Oulu and the large port of Vaasa, where one-third of the residents are Swedish-speaking Finns. Seinäjoki is the urban center on the plains.

Ostbottnien zeigt ein ganz anderes Gesicht als das übrige Finnland: flache, fruchtbare Ebenen und nur wenig Seen. Im südlichen Teil sind zweistöckige Bauernhäuser verbreitet, die weiten Felder ringsum mit alten Holzscheunen betupft, und die Einheimischen haben den Ruf, die ernstesten und traditionsbewußtesten Finnen zu sein – wortkarg und leicht aufbrausend. Nach Norden hin wird das Leben durch die wichtige Metropole Oulu und eine hochentwickelte Holz- und Papierindustrie bestimmt, doch auch die Leute im Norden Ostbottniens gelten als kühle Sprecher mit heißem Blut, einzigartig in Akzent und Temperament.

Das Gebiet wird im Westen vom Bottnischen Meerbusen begrenzt, an dessen Küste Oulu und die große Hafenstadt Vaasa liegen, von deren Einwohnern ein Drittel schwedischsprachige Finnen sind. Die Stadt Seinäjoki bildet das Zentrum der weiten Ebenen.

LASTENHOITO

Suomi on varmastikin koko maailman lapsiystävällisin maa. Ilmainen neuvolatoiminta auttaa pitämään lapsikuolleisuuden koko maailman alhaisimpana (Ruotsin ja Japanin ohella). Valtio takaa myös reilun äitiys- ja isyysloman mahdollisuuden, kunnallisen päivähoidon, kuukausittaisen lapsilisän 17 vuoden ikään asti ja käytännöllisesti katsoen ilmaisen koulutuksen aina yliopistoon asti. Junissakin on usein erityinen leikkivaunu lapsille.

CHILDCARE

Finland must be the most baby-friendly country in the world. Diligent, free prenatal care helps keep its infant mortality rate (with Sweden and Japan) the lowest on earth, and the government also sponsors generous maternity and paternity leave possibilities, municipal day care, monthly child allowances until the age of 17, and virtually free education right through university. Even trains often have a special playroom car.

ALLES FÜRS KIND

Finnland ist wohl das babyfreundlichste Land der Welt. Durch eine sorgfältige, kostenlose Schwangerenberatung hat Finnland (mit Schweden und Japan) weltweit die niedrigste Säuglingssterblichkeit. Die öffentliche Hand finanziert großzügige Möglichkeiten für einen Mutter- und Vaterschaftsurlaub, kommunale Tagespflege, monatliches Kindergeld bis zum Alter von 17 Jahren und nahezu kostenlose Bildung bis hin zur Universität. Und die Züge haben sogar oft einen Spezialwagen mit Spielzimmer.

MAATALOUS

Pohjanmaan lakeudet ovat tehneet alueesta Suomen maatalouden sydämen. Aikaisemmin monilukuiset turkisfarmit ovat nyttemmin vähentyneet, mutta peruna- ja viljasato on runsas, ja lypsykarja ammuu edelleen aamuisin antaen maitoa, josta saadaan herkullista tuoretta voita ja pohjalaisjuustoja.

FARMING

The rich open plains of Ostrobothnia have made it Finland's agricultural heartland. A former abundance of fur farms has decreased, but potato and grain crops remain plentiful, and dairy cows still low into the wet of the morning, providing milk for delicious fresh butter and gentle native cheeses.

LANDWIRTSCHAFT

Die fruchtbaren Ebenen Ostbottniens sind das Kerngebiet der finnischen Landwirtschaft. Die Pelztierzucht ist zurückgegangen, doch die Ernte an Kartoffeln und Getreide ist reich, und die Kühe sorgen für Milch, köstliche Butter und zarten Käse.

FESTIVAALIT

Kesällä Suomessa riittää festivaaleja.
Yleensä ne pidetään ulkona
luonnonhelmassa. Jotkut juhlat
keskittyvät klassiseen musiikkiin,
jotkut rockiin, jazziin, oopperaan,
elokuvaan tai tanssiin – ja lisäksi on
edellä mainittujen yhdistelmiä. Keski-
Pohjanmaalla houkuttelevat
Kaustisen kansanmusiikkifestivaalit
heinäkuussa Suomeen maailman
parhaat pelimannit, ja muulloin pitää
henkeä yllä kaupungin
kansanmusiikki-instituutti.

FESTIVAL DAYS

Festivals abound in Finland during
the summer, generally using beautiful
natural surroundings for backdrops.
Some focus on classical music, others
on rock, jazz, opera, film or dance –
still others, on some combination of
the above. In central Ostrobothnia, the
annual Kaustinen Folk Music Festival
attracts all the best fiddlers in Finland
every July. Even after the festival
ends, the town's Folk Music Institute
keeps its spirit alive.

FESTSPIELTAGE

Festspiele – meist vor der Kulisse der
herrlichen Natur – hat Finnland im
Sommer eine Fülle. Einige bieten
klassische Musik, andere Rock, Jazz,
Oper, Film oder Tanz, und wieder
andere wählen irgendeine
Kombination dieser Sparten. Das
jährliche Volksmusikfestival von
Kaustinen, Ostbottnien, führt im Juli
die besten Geigenmusikanten
zusammen. Und nach den festlichen
Tagen hält das Volksmusik-Institut
der Stadt den Festspielgeist lebendig.

ULKOILMAMUSEOT

Tulipalot ja sota ovat hävittäneet suurimman osan vanhoista suomalaisista puutaloista, mutta lukuisat ulkoilmamuseot – joiden maalauksellisiin kehyksiin on tuotu vanhuuttaan harmaita rakennuksia eri puolilta maata – tarjoavat välähdyksiä Suomen maaseudun historiasta. Isokyröön on koottu alkuperäisiä pohjalaisia maataloja Suomen pohjoisimman keskiaikaisen kivikirkon (vuodelta 1304) viereen, jossa on suurenmoiset 1500-luvun seinämaalaukset. Vielä pohjoisempana, Oulun kupeessa, on Turkansaaressa 29 perinteistä rakennusta – siloittelemattomasta myllystä edelleen käytössä olevaan puukirkkoon vuodelta 1694.

MUSEUMS IN THE OPEN

Since fires and war have destroyed most of Finland's oldest wooden villages, its many open-air museums – on whose grounds structures from different sites are reconstructed – can offer special glimpses into the country's rural past. At Isokyrö, a commune of original Ostrobothnian farm buildings has been assembled beside Finland's most northerly medieval stone church (1304), with fabulous 16th-century interior wall paintings. Further north by Oulu, Turkansaari has 29 traditional buildings – from the rude mill to a still-functioning wooden church (1694).

FREILICHTMUSEEN

Weil die meisten der ältesten, aus Holz erbauten finnischen Dörfer Feuer und Krieg zum Opfer gefallen sind, können nur noch viele Freilichtmuseen – auf deren malerischem Gelände wettergraue Holzbauten von weither zusammengetragen wurden – einen kleinen Einblick in das Landleben von damals bieten. In Isokyrö hat man eine Siedlung alter, echt ostbottnischer Bauernhäuser zusammengestellt, und zwar neben Finnlands nördlichster mittelalterlicher Steinkirche (1304), deren Innenraum mit berühmten Fresken aus dem 16. Jahrhundert geschmückt ist. Turkansaari, weiter nördlich bei Oulu, hat 29 traditionelle Bauwerke – von der einfachen Mühle bis zu einer immer noch benutzten Holzkirche (1694).

SUOMALAINEN PESÄPALLO

Pohjanmaan avarat lakeudet sopivat
erinomaisesti pesäpallon pelaamiseen.
Pesäpallo on suomalainen palloilulaji,
joka etäisesti muistuttaa
nopeatempoista muunnosta
amerikkalaisesta baseballista.

FINLAND'S BASEBALL

The broad unbroken expanses of
Ostrobothnia make great playing
fields for *pesäpallo,* a Finnish sport
that distantly resembles a very quick
version of American baseball.

DAS FINNISCHE
SCHLAGBALLSPIEL

Die weiten ebenen Flächen
Ostbottniens sind für Schlagballfelder
wie geschaffen: *Pesäpallo,* eine
finnische Sportart, die an eine sehr
schnelle Version des amerikanischen
Baseball-Spiels erinnert.

KESÄMUSIIKKIA

Seinäjoen Provinssirock on yksi
kesän lukuisista riehakkaista
viikonlopputapahtumista. Sen aikana
esiintyy tauotta sekä kotimaisia että
kansainvälisesti tunnettuja rock-
yhtyeitä. Seinäjoella on myös
vaikuttava kirkko ja Alvar Aallon
suunnittelema virastotalo.

SUMMER ROCK

Province Rock in Seinäjoki is one of
several weekend-long summer
festivals dedicated to non-stop
partying to the sounds of local and
internationally famous rock bands.
Seinäjoki is also the site of a striking
church and a civic center designed by
Alvar Aalto.

SOMMER-ROCK

Der Provinz-Rock in Seinäjoki ist
eines der vielen Festivals an
Sommerwochenenden, bei denen
lokal und international bekannte
Rockgruppen non-stop auf dem
Podium agieren. Seinäjoki hat auch
eine interessante Kirche und ein
kommunales Zentrum von Aalto.

JÄÄTÄ MURTAMAAN

Suomi on ollut maailman johtava jäänmurtajien valmistaja. Se ei ole mikään ihme, sillä pakkaset ja vähäsuolainen, nopeasti jäätyvä Itämeri vaativat jäänmurtajien suunnittelijoilta kekseliäisyyttä, varsinkin kun Suomi kuljettaa suurimman osan kauppatavaraansa vesitse.

BREAKING THE ICE

Finland has led the world in the production of icebreakers. Little wonder; below-freezing winter temperatures and the low salinity of the Baltic Sea make innovative icebreaker design paramount, especially since Finland carries out the majority of its trade over water.

EISBRECHER

Finnland ist weltweit bekannt für seine Eisbrecher. Kein Wunder, denn wegen der strengen Winterfröste und des niedrigen Salzgehaltes der Ostsee ist ein innovativer Eisbrecherbau besonders wichtig, zumal da Finnland den größten Teil seines Handels über den Seeweg abwickelt.

PUUSTA PAPERIKSI

Satojen vuosien ajan Lapin ja Pohjois-Pohjanmaan erämaista on uitettu tukkeja Kemijokea pitkin kohti rannikon lajittelupaikkoja, sahoja ja tehtaita, jotka sijaitsevat Oulun kaltaisissa kaupungeissa. Tukinuitto ei tosin enää ole tavanomaista, mutta siitä huolimatta valtavat metsät, noin 65% koko maan pinta-alasta, ovat edelleen Suomen arvokkain luonnonvara. Puunjalostustuotteet takaavat Suomelle noin 15% alan koko maailmankaupasta, ja runsas paperiteollisuus vastaa yli neljänneksestä Suomen vuosittaisesta viennistä. Onneksi suomalaiset pitävät metsiään arvossa, valitsevat kaadettavat puut huolellisesti ja istuttavat uutterasti uusia taimia.

WOOD TO PAPER

For hundreds of years, logs from the Lappish and upper Ostrobothnian wildernesses were floated along the Kemi River down towards coastal sorting sites, mills and factories in cities like Oulu. Although log-floating is no longer in common practice, Finland's vast forests, which cover about 65% of the country, remain its most valuable natural resource: Wood products secure some 15% of total world trade in their sector, and a ubiquitous paper industry provides more than a quarter of Finland's annual foreign exports. Fortunately, the Finns revere their forests, culling carefully and assiduously replanting.

HOLZ ZU PAPIER

Schon seit Hunderten von Jahren werden Holzstämme aus den lappischen und ostbottnischen Wäldern den Kemi-Fluß hinunter geflößt zu den Sortierplätzen, Sägemühlen und Fabriken in Städten wie Oulu. Wenngleich das Flößen des Holzes nicht mehr üblich ist, so sind doch die weiten Wälder, die etwa 65% des Landes bedecken, die wertvollste natürliche Rohstoffquelle Finnlands: Die Holzprodukte haben auf ihrem Sektor einen Anteil am Welthandel von 15%, und die überall im Lande vertretene Papierindustrie erzeugt über ein Viertel des jährlichen finnischen Exports. Zum Glück schätzen die Finnen ihre Wälder sehr, sie hegen und pflegen sie und forsten sie eifrig wieder auf.

Retkiä rannikolla

Coastal forays

Küstenfahrt

Vanhanaikaiset rannikkokaupungit, huimaavan avara saaristo, jossa merilinnut risteilevät ja jonka ankkuroivat maaperään esihistorialliset kalliot, osittain autonominen Ahvenanmaa ja Turun vanha arvokas kaupunki uhoavat maanläheistä, mutta silti herkän viehättävää vanhanaikaisuutta, joka tekee Suomen lounaisnurkasta kenties maan "skandinaavisimman".

Rannikkokaupungeissa Pohjanlahden Porista Suomenlahden rannikolla sijaitsevaan Tammisaareen asti on melkein kaikissa komea vanhakaupunki tai satama. Muutamissa on peräti linna, joka on rakennettu silloin kun vain päivän laivamatkan päässä sijaitseva Ruotsi vielä hallitsi Suomea. Ei siis ole yllätys, että useimmat suomenruotsalaiset, joita on 6 % väestöstä, asuvat tällä alueella.

Old-fashioned waterfront towns, a vertiginously ample archipelago combed by seabirds and anchored by prehistorical rock formations, the semi-autonomous Åland Islands, and the grand old city of Turku radiate an earthy yet delicate quaintness that makes Finland's southwestern corner perhaps the country's most traditionally "Scandinavian".

Seaside towns from Pori on the Gulf of Bothnia to Tammisaari on the Gulf of Finland nearly all have handsome old towns or harbors, and a couple even have castles built while Sweden, whose shores are a day's boat-ride away, controlled the country. Unsurprisingly, many of the 6% of Finns that have kept Swedish as their first language live in this region.

Alte Städte am Meer, die schwindelerregende Weite der Inselwelt, durchkämmt von Seevögeln und fest verankert in prähistorischen Gesteinsformationen, die autonomen Åland-Inseln und die altehrwürdige Stadt Turku strahlen eine erdverbundene und doch kultivierte Altertümlichkeit aus, die Finnlands Südwesten vielleicht zu der traditionsreichsten "skandinavischen" Ecke machen.

Die Küstenstädte, von Pori am Bottnischen bis Tammisaari am Finnischen Meerbusen, besitzen fast alle einen hübschen Hafen oder eine Altstadt, und einige haben sogar Burgen gebaut, damals, als Schweden, dessen Küste nur eine Tagereise mit dem Schiff entfernt ist, noch in Finnland das Zepter führte. So überrascht es nicht, daß viele von den 6 % Finnen, die das Schwedische als Muttersprache bewahrt haben, in dieser Region leben.

TURKU

Turku sijaitsee Pohjanlahden rannalla Tukholmaa vastapäätä, ja monivuosisataisen Ruotsin ylivallan aikana se oli Suomen johtava kaupunki. Siitä osoituksena on taidokkaasti entisöity linna 1200-luvulta. Turku on Suomen kolmanneksi suurin kaupunki ja samalla vanhin, sillä se perustettiin vuonna 1229. Keskustan halki kiemurteleva vanha tyylikäs joki antaa oman lisänsä kaupungin vanhaeurooppalaiseen viehätykseen.

SENIOR CITY

Turku, which lies directly across the Gulf of Bothnia from Stockholm, was during the many centuries of Swedish domination Finland's leading city and boasts a well-restored 13th-century castle to prove it. Now Finland's third largest town, Turku still holds claim to being Finland's oldest, having been dedicated in the year 1229. A long elegant river winds through the center, adding to its old-world European charm.

TURKU

Turku am Bottnischen Meerbusen direkt gegenüber von Stockholm war in den vielen Jahrhunderten schwedischer Herrschaft die führende Stadt Finnlands und kann dies heute noch durch die gründlich restaurierte Burg aus dem 13. Jahrhundert nachweisen. Heute die drittgrößte Stadt des Landes, beruft sich Turku immer noch darauf, die älteste zu sein, und führt seine Gründung auf das Jahr 1229 zurück. Ein langer schöner Fluß windet sich durch das Zentrum und trägt zu seinem fast mitteleuropäischen Charm bei.

MUSIIKKIKAUPUNKI

Naantali on miellyttävä, vanhanaikainen rannikkokaupunki 13 kilometriä länteen Turusta. Se on myös kesäkuussa pidettävän jokavuotisen kamarimusiikkitapahtuman isäntäkaupunki. Useimmat konsertit pidetään vaikuttavan karussa 1400-luvun luostarikirkossa. Maailmankuulujen muusikoiden saattaa myös nähdä rentoutuvan merenrantalaiturilla, jolla he istuvat mietiskelemässä katsellen keinuvia veneitä, sinistä vettä ja vehreitä lähisaaria.

MUSICAL RESORT

Naantali is a pleasant old-fashioned coastal resort just 13 km. west of Turku and the site of an annual chamber music festival every June. Most of the concerts are held in its expressively austere 15th-century cloister church, but world-famous musicians can also be found swinging their legs over the quays meditating on the bobbing boats, blue waters and leafy nearby islands.

EIN ORT DER MUSIK

Naantali ist ein schöner alter Ferienort an der Küste, nur 13 km westlich von Turku, wo jedes Jahr im Juni ein Kammermusik-Festival veranstaltet wird. Die meisten Konzerte finden in der betont schlichten Klosterkirche aus dem 15. Jahrhundert statt, doch man trifft weltbekannte Musiker auch mit baumelnden Beinen auf der Kaimauer sitzend, meditierend über die dümpelnden Boote, blauen Wasser und die grünenden Inseln in der Nähe.

LUTERILAINEN USKONTO

Mikael Agricola (1508–57) toi uskonpuhdistuksen Suomeen 1500-luvun alkupuolella. Hän käänsi raamatun ensimmäisen kerran suomen kielelle ja sittemmin hänestä tuli Turun piispa. Hänen hiippakuntansa keskus oli vaikuttava Turun tuomiokirkko, joka edelleenkin on Suomen evankelis-luterilaisen kirkon keskuspaikka.

LUTHERANISM

During the early 16th-century, Mikael Agricola (1508–57) brought the Reformation to Finland, translating the Bible for the first time into the Finnish language and later becoming the Bishop of Turku. His see emanated from the impressive Gothic Turku Cathedral, still the national shrine of the overwhelmingly predominant Evangelical-Lutheran Church of Finland.

EVANGELISCH-LUTERISCH

Im frühen 16. Jahrhundert brachte Mikael Agricola (1508–57) die Reformation nach Finnland durch die erste Übersetzung der Bibel ins Finnische und danach durch sein Wirken als Bischof von Turku. Die eindrucksvolle gotische Kathedrale von Turku, heute noch ein nationales Heiligtum für die mit überwältigender Mehrheit dominierende evangelisch-lutherische Kirche von Finnland, war sein Bischofssitz.

KÄSITYÖLÄISKYLÄ

Luostarinmäen kyljessä kyyhöttävä rykelmä 1700-luvun käsityöläisten mökkejä säilyi lähes ainoana alueena Turun suuressa tulipalossa vuonna 1827. Se on lähes ainutlaatuinen Suomessa siksi että siellä näkee, millaista kaupunkielämä oli 1700- ja 1800-luvuilla. Sittemmin alueesta on tehty käsityöläismuseo, jossa käsityöläiset esittelevät taitojaan, ja yleisö voi tutustua siellä noin kolmeenkymmeneen vanhaan asumukseen, kauppaan ja työpajaan.

CRAFTWORKERS' VILLAGE

The close-knit 18th-century workers' settlement hugging Luostari Hill was practically alone in escaping Turku's Great Fire of 1827. Nearly unique in Finland for its undoctored vision of townlife from the 18th and 19th centuries, it has since been turned into a Handicrafts Museum, with ongoing demonstrations by craftsworkers and about 30 former homes, stores and workshops open to the public.

EIN HANDWERKERDORF

Die am Klosterhügel gelegene, enggebaute Handwerkersiedlung des 18. Jh. war praktisch der einzige Teil Turkus, der bei der großen Feuersbrunst von 1827 den Flammen entging. Nahezu einmalig in Finnland für das unverfälschte Bild des Stadtlebens im 18. und 19. Jh., wurde es später in ein Handwerkermuseum umgewandelt mit etwa 30 ehemaligen Wohnungen, Läden und Werkstätten, wo man den Meistern zusehen kann.

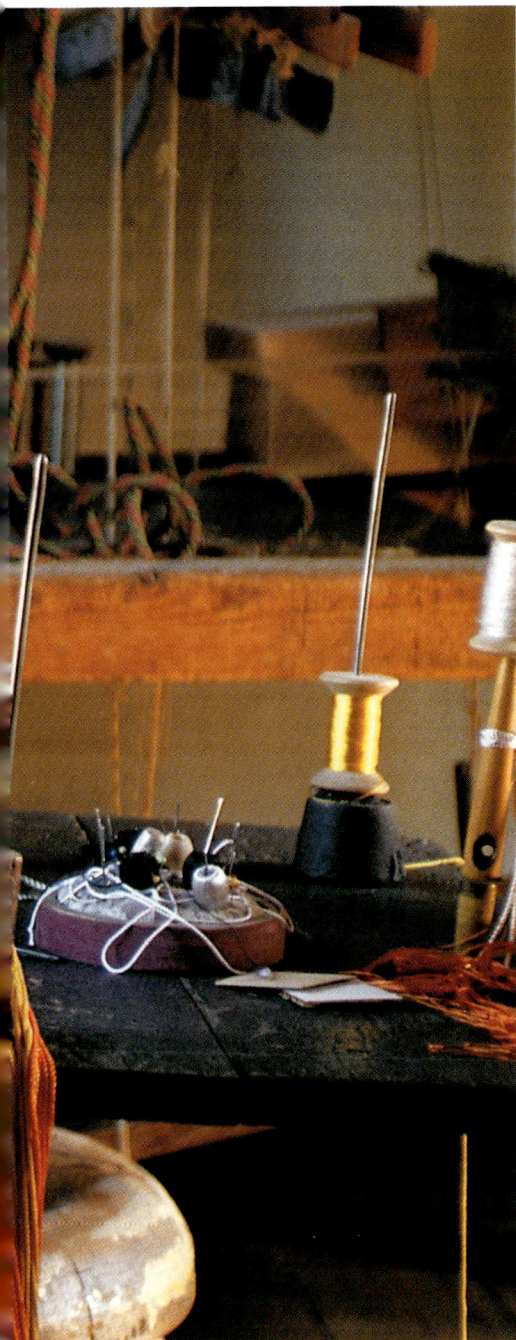

POHJANLAHTI

Maan kohoaminen Pohjanlahden rannikolla on antanut Yyterille Suomen hienoimmat hiekkarannat. Niiden eteläpuolella sijaitseva Porin kaupunki pitää joka heinäkuu kansainväliset jazzfestivaalit puistoissaan ja vanhassa osassaan. Läheinen Rauman satamakaupunki on sekin maineikas: vanhan kaupungin romanttinen kapeakatuinen keskiaikainen kaupunkisuunnitelma ja esiluterilainen kirkko ovat ansainneet sijan Unescon suojeltavien kohteiden luettelossa. Rauma on myös säilyttänyt pitsinnypläysperinteen, jonka merimiesten vaimot yksinäisyydessään aloittivat 1600-luvulla.

THE BOTHNIAN GULF

The recession of the Bothnian Gulf at Yyteri has yielded Finland's finest sand beaches and, just south, the port of Pori holds an international jazz festival in its parks and old quarter every July. The neighboring port of Rauma too has acclaim: The romantic narrow-streeted medieval plan and pre-Lutheran church of its old town have earned it a place on UNESCO's World Heritage List. Fittingly, the people of Rauma have preserved a tradition of lace-making begun by lonely sailors' wives in the 1600s.

DER BOTTNISCHE MEERBUSEN

Am Bottnischen Meerbusen bei Yyteri sind die schönsten Sandstrände von Finnland, und in der Hafenstadt Pori, direkt südlich von Yyteri, wird in den Parkanlagen und in der Altstadt im Juli ein internationales Jazz-Festival veranstaltet. Auch die benachbarte Hafenstadt Rauma hat ihren Reiz: Die romantische mittelalterliche Altstadtanlage mit den engen Gassen und der Kirche aus der Zeit vor der Reformation wurde in die World Heritage Liste der Unesco aufgenommen. Dazu paßt, daß seit dem 17. Jh. in Rauma eine Klöppelspitzentradition gepflegt wird, die von den einsamen Seemannsfrauen geschaffen wurde.

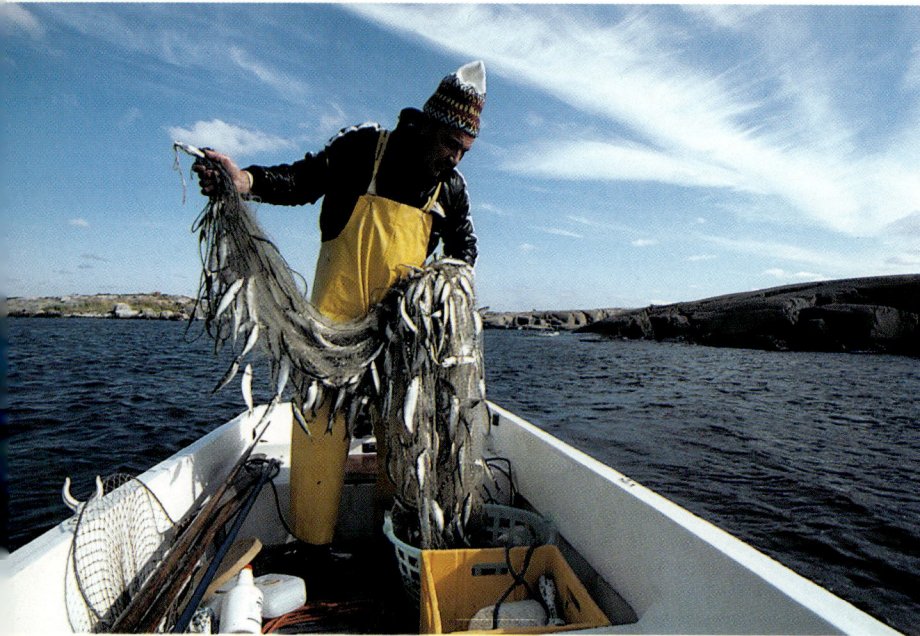

MERELLINEN AHVENANMAA

Virkistävän luonnollinen
Ahvenanmaa, suurenpuoleinen
saarirykelmä Suomen
lounaissaaristossa, on saanut oman
erityisen aseman. Ahvenanmaalle
myönnettiin autonomia vuonna 1921,
ja ahvenanmaalaisilla on oma lippu,
itsehallinto ja oikeus "säilyttää ruotsin
kieli, kulttuuri ja omat perinteet".
Antiikkinen nelimastoinen
"Pommern" on ankkurissa
Ahvenanmaan suurimman kaupungin,
Maarianhaminan laiturissa
todistuksena saarten
merenkulkuperinteestä.

NAUTICAL ÅLAND

The refreshingly naive Åland Islands,
a substantial cluster in Finland's
southwestern archipelago, possess
their own special status. Granted
autonomy in 1921, Ålanders are
entitled to their own flag, internal
self-government and the right to the
"preservation of their Swedish
language, culture and local
traditions". The antique four-masted
windjammer "Pommern" lies moored
off the docks of Åland's largest town,
Mariehamn, as testimony to the
islands' nautical heritage.

KALAONNEA

Suomen loputtomat joet ja järvet ja
virrat ja merenrannat ovat kalamiehen
taivas, ja vaikka suomalaiset eivät
juuri kadehdi ammattikalastajan
kovaa elämää, monet kuitenkin
kalastavat vapaa-aikanaan, niin
kesällä kuin talvellakin. Suurin osa
saaliista on pienikokoista silakkaa –
yli 81 miljoonaa kiloa vuodessa –
mutta myös lohta, turskaa, kampelaa,
muikkua, haukea, siikaa, madetta,
ahventa ja kuhaa on runsaasti.

FISCHREICHTUM

Die endlosen Flüsse und Seen,
Stromschnellen und Küsten sind ein
Paradies für den Angler, und obgleich
nur wenige Finnen den Berufsfischer
um sein hartes Leben beneiden, so
imitieren sie ihn doch ständig in ihrer
Freizeit in unendlicher Zahl, winters
wie sommers. Den Hauptfang liefert
der kleine Strömling – mehr als 81
Millionen Kilo pro Jahr – doch Lachs,
Dorsch, Flunder, kleine und große
Maräne, Hecht, Steinbutt, Quappe,
Barsch und Zander gibt es auch in
Hülle und Fülle.

RICH WITH FISH

Finland's endless rivers and lakes and
streams and seafront are manna to the
angler, and although few Finns envy
the hard life of the professional
fisherman, countless numbers imitate
him come their free time, both in
winter and summer. The main catch
overall is the tiny Baltic herring –
more than 81 million kilos annually –
but salmon, cod, flounder, vendace,
pike, whitefish, burbot, perch and
pike perch are also abundant.

SEEFAHRERINSELN

Die erfrischend natürlichen Åland-
Inseln, eine wichtige Gruppe im
südwestlichen Schärengürtel
Finnlands, besitzen einen
Sonderstatus. Nach der 1921
verliehenen Autonomie haben die
Åländer das Recht auf eine eigene
Flagge, interne Selbstverwaltung und
die "Erhaltung ihrer schwedischen
Sprache, Kultur und einheimischen
Traditionen". Ein alter Windjammer,
der Viermaster "Pommern", liegt am
Kai neben den Docks von Ålands
größter Stadt, Mariehamn, ein
Zeugnis für das nautische Erbe der
Inseln.

SATAMIA JA LINNOJA

Hanko oli aikaisemmin 1800-luvun
venäläisen aateliston suosima
kylpyläkaupunki, ja sen satama voi
ylpeillä sijainnistaan Suomen
eteläisimmän niemen kärjessä.
Vaurauden tuntu on säilynyt myös
puuhuviloissa ja kasinossa ja niissä
10 000 purje- ja moottoriveneessä,
jotka joka vuosi ankkuroivat Suomen
suurimpaan vierassatamaan. Jonkin
matkaa Hangosta itään, idyllisen ja
hiljaisen kesäkaupungin Tammisaaren
alueella kohoaa keskiaikainen
Raaseporin linna.

HÄFEN UND BURGEN

Im 19. Jh. ein Badeort der russischen
Aristokratie kann sich der Hafen
Hanko heute noch damit brüsten, an
der südlichsten Spitze Finnlands zu
liegen. Die einstige Atmosphäre hat
sich in den Holzvillen, dem Casino
und in den 10.000 Yachten und
Motorbooten erhalten, die jährlich
hier, in Finnlands größtem Gasthafen,
anlegen. In der Nähe des ruhigeren
Ferienortes Tammisaari liegt die Burg
Raasepori.

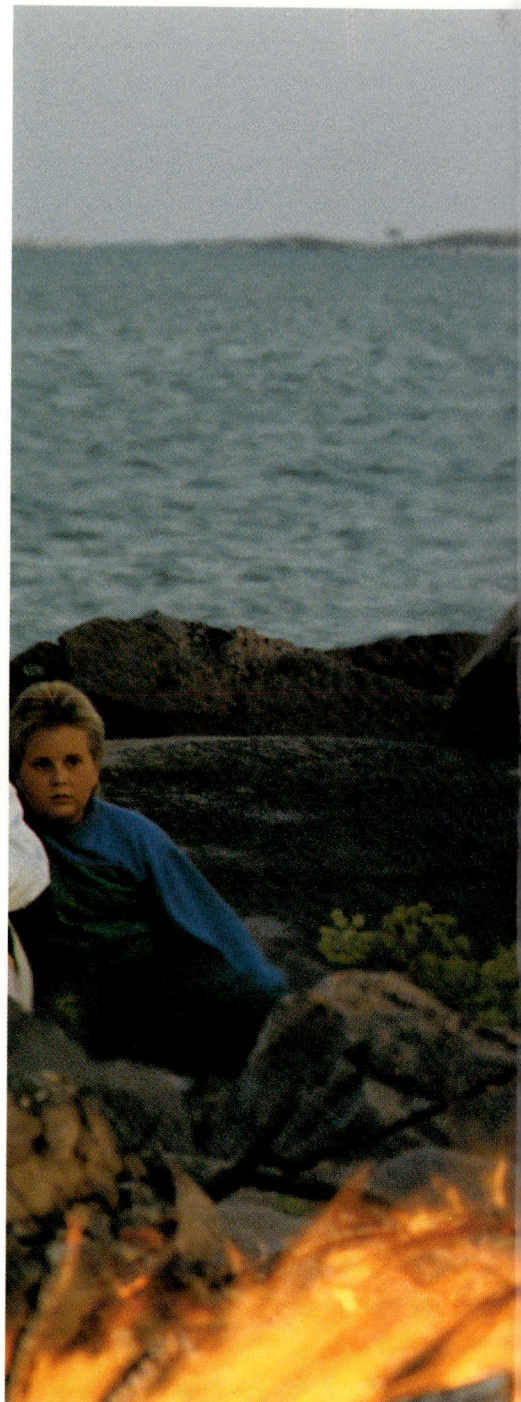

HARBORS AND CASTLES

Formerly a spa town favored by 19th-
century Russian aristocracy, the port
of Hanko can still boast the
distinction of occupying the tip of
Finland's southernmost cape.
Hanko's air of affluence is also
preserved in its wooden villas and
casino and in the 10,000 yachts and
cruisers that berth here, Finland's
biggest guest harbor, every year. Up
the road, close to the quieter summer
resort of Tammisaari, is the medieval
Raasepori Castle.

JUHANNUS

Kun talven hämmentävä hämärä
haihtuu kesän ajattomaan kirkkauteen,
Suomi muuttuu kokonaan toiseksi
maaksi. Kaiken huipentuma on
juhannus, se vuorokausi kesäkuussa
jona aurinko on kauimmin horisontin
yläpuolella. Tätä vanhinta juhlapäivää
vietetään koko yö järven tai meren
rannalla poltettavien valtavien
juhannuskokkojen ympärillä ruoan,
juoman, tanssin ja romantiikan
merkeissä.

MIDSUMMER

When the confounding dusk of its
winter disappears into the timeless
lucency of its summer, Finland
changes into a whole new country.
The peak is Midsummer, those 24
hours in June when the sun is longest
above the horizon. Surely the oldest
feast day still worshipped in Finland,
it is still usually spent beside a lake or
the sea, around huge bonfires, eating,
drinking, dancing and romancing all
through the night.

MITTSOMMER

Wenn das bedrückende Dunkel des
Winters in die zeitlose Helle des
Sommers übergeht, ist ganz Finnland
wie verwandelt. Den Höhepunkt
bildet Mittsommer, wo die Sonne am
längsten über dem Horizont weilt.
Dieser Festtag wird in Finnland meist
an einem See oder am Meeresstrand
gefeiert mit großen Sonnwendfeuern,
mit Essen und Trinken, mit Tanz und
Romantik bis in den Morgen.